放不下就握手言和吧

EQ始祖丹尼爾・高曼
與措尼仁波切的
冥想智慧

WHY WE MEDITATE

Daniel Goleman 丹尼爾・高曼——㊣——Tsoknyi Rinpoche 措尼仁波切
鄭煥昇——譯

The Science and Practice of
Clarity and
Compassion

謹以本書獻給
內心的平靜、
世間的和平，
乃至於眾生的利益。

佳評如潮

正念強調當下，進行過心靈訓練的朋友想必都明白當下的重要性；而心靈訓練（meditate，本書譯為冥想）更深入的同好一定也會發現，當下的身心狀況不可能不受過去的影響，有個看不到的力量不斷在默默運作。以較根本或高深的術語來說就是Karma（業力），而另種較淺白的解釋就是，過去的行為及際遇會不斷形塑未來，如本書的例子：從小得不到應有的肯定，長大後就會對正常的批評反應過度。而如何療癒過去、回到當下、邁向未來，書中也有精采的解說。本書融合了現代心理學及傳統禪修，兩位大師的智慧結晶，相信一定能帶給讀者不少助益。

——台灣正念工坊執行長陳德中

這本書的珍貴之處至少有三點：首先，它展示一位著名藏傳佛教傳統的老師，措尼仁波切，如何基於自身傳統的修練方法，融合當代心理學技術，發展出適合現代人的身心療癒方法。作為佛教學習者的我，非常認同也欣賞仁波切如此融合傳統與現代科學的理念。其次，著名的《EQ》作家丹尼爾．高曼深入淺出地介紹與這套方法相關的心理學理論與科研證據，讓看似玄妙的心靈工具增添深厚的學術理性。再者，在正念學習方面，此書讓讀者能一探藏傳佛教傳統者如何定位正念於其修行與療癒的地圖之中，如同書中所說：此書將不僅介紹基本的正念，也介紹正念的上一步和下一步。因此，我誠摯地推薦這本書，它非常適合想學習正念的讀者，更適合那些想了解正念之外及正念之上的相關修行與療癒方法的讀者。

——台灣正念發展協會榮譽理事長溫宗堃

對身心健康、自我療癒感興趣的讀者，一定已經在不少書籍上頭看過正念的介紹，並略知正念練習蘊含的身心療癒力。

不過，要能將這療癒力量帶入生活中，時常去實踐它，就變成另一個難題了！正如多數心理學概念的困境「知易行難」一樣，從知道到做到，往往是療癒與轉化能否發生的重要關鍵。

本書像是一本「正念」食譜，搭配著原理的解說，以及各種正念練習的變化。像是美味的佳餚一樣，也許食材不出那幾樣，但透過不同廚師的巧手，卻能變成看起來很不一樣的美食。

相信本書奠基於正念原理而提供的各種練習，能滿足不同個性、不同狀態與階段的許多讀者。在眾多的練習之中，找到適合自己的，融入你的生活、工作日常中，並且實踐、實踐、實踐。假以時日，正念必能替我們的生命帶來許多轉變。

——臨床心理師蘇益賢

兩名巨擘聯手以冥想為題，拍了一部紙上的「搭檔電影」——你還有什麼能嫌棄的？這本書會帶給你實用、可行的技巧，供你在內心跨出足以改變一切的兩大步：一是你將能跳出自己腦袋的束縛，二是你將能放下習以為常的抗拒、墮落與否認，改用溫暖馴服你內心的怪物。最精采的是這種種技巧都還有嚴謹科學的背書。高度推薦。

——《110% 的快樂》（暫譯）作者丹．哈里斯（Dan Harris）

這本由冥想導師措尼仁波切攜手科學作者兼冥想老手丹尼爾．高曼所合著的奇書，之所以罕有，是因為它細緻地探索了冥想這門藝術的實務面與理論基礎。作為一本實用、睿智、幽默且不同凡響的參考書，所有讀者與從事冥想之人都應該將之置於案頭，不時翻閱。

——《站在邊緣之境》作者瓊恩・荷里法斯（Roshi Joan Halifax）

這本書少有地集合了真實而廣泛的冥想智慧，還有足以解釋跟支持這些智慧的尖端神經科學。措尼仁波切在傳達這些教誨的同時，散發出的是他特有且深刻的領悟力、清晰的表達能力，還有暖心的悲憫。至於丹尼爾・高曼則貢獻了他在西方的心靈科學探索中累積數十年的功力。這本書是一場精采的強強合作，是一顆可以讓所有人開卷有益的瑰寶。高度推薦。

——《正念與滿心的祥和》（暫譯）作者喬瑟夫・葛斯坦（Joseph Goldstein）

有人缺一本平易近人且沒有術語迷宮的冥想入門書嗎？這本書是為你而生。

——《出版者週刊》（*Publishers Weekly*）

目次

第一章

這本書能帶給你什麼

措尼仁波切

小時候的我生活在鄉村氛圍中，被滿滿的愛與關懷包圍著。我記憶猶新的是身材矮小的我會在祖父盤坐的大腿上跳上跳下，他全身包覆在名為達千的又大又暖的傳統僧袍裡，任由我這個小頑皮自由地來來去去，完全不妨礙他打坐冥想與念念有詞地誦經。不論身邊發生什麼，都不影響我祖父像顆太陽似地輻射著溫暖、愛與祥和。

我生於加德滿都，父親祖古烏金仁波切是著名的西藏禪師，來自尼泊爾的母親則系出西藏的一個冥想世家，她祖上有一名西藏的知名國王，這名國王的後裔後來定居在尼泊爾的努日谷地，為世界第八高峰馬納斯盧峰所庇蔭。我的童年前期，就在那遠僻的山區度過。

我父母的家族裡，都有許多全心投入且成就斐然的冥想者，當中也包括我的父親、父親的祖母（即我的曾祖母），甚至於曾祖母的父親在他的年代還是位冥想者中的傳奇人物。所謂在冥想上有所成，一般的意思是能透過精神層面不同階段的鍛鍊，在智慧與悲憫之心上趨於穩定。能自小就接受到冥想的訓練，且在冥想的氣氛中耳濡目染，是我生來的福氣。

十三歲時，我被送往位於北印度康格拉谷地中的一處西藏難民營接受正規的佛教教育。我在那兒與若干位冥想大師持續著訓練，當中包括在那兒隱修的幾名瑜伽士。那之後，我就一直有幸能跟隨當代最了不起的一些冥想宗師，不曾間斷地修持。

我開始教授佛理，是二十出頭時的事，也是從那個年紀開始，我跨出了前往世界各地的腳步，把冥想之道傳授給各大洲成千上萬的學員。在此期間，我也未曾稍歇地充實自己，探究心靈背後的相關科學原理。我參與了好幾場由心智與生命研究所（Mind & Life）邀請達賴喇嘛與科學家對談的研討會，我也曾在心智與生命研究所的暑期研究學院中擔任冥想講師，指導研究生與博士後的學員。

從我冥想教學生涯的開端之始，我便處在天生好奇心的驅使下，對三樣東西特別感興趣，它們分別是西方哲學、當代生活，以及現代人所面對的獨特挑戰。作為一個雲遊各地的教師，移動，在我生活中永遠沒有盡頭。不同於許多享有盛名的亞洲冥想教師，我偏好隱姓埋名單獨行動，因為這讓我得以更自然、更真切地觀察人與人間的互動。我花了很多時間待在機場、漫步於各國城市的大街小巷，或是在咖啡店裡坐著，除此之外，就是不浪費任何片刻觀察人類了。

幾十年來，我跟心理學與科學界的專家，也和世界各地的朋友及學生們打成一片，盼的就是能理解他們的心態、掙扎與文化層面的壓力。我曾受過許多人的指導，包括若干享有盛譽的心理治療師，像是塔拉．班奈特—高曼（Tara Bennett-Goleman）與約翰．威爾伍德（John Welwood）。其中我偕塔拉（即丹尼爾．高曼的夫人）一起探究了許多心理學的主題，特別是各種常見的情緒失調模式，如情感剝奪與被拋棄的恐懼，而她也將之寫進《煉心術：用智慧的專注，解脫八萬四千情緒慣性》（*Emotional Alchemy*）與其他著作裡。約翰．威爾伍德身為婚姻治療師與作者，堪稱是一座真知灼見的寶庫。他除了洞悉各種人際關係的模式，也發想了「靈性繞道」的概念；靈性繞道指的是用包含冥想在內的靈性實作去避開未經癒合的心理傷痕，和令人困擾、難以負荷的情緒。同時，我也從學生的身上獲益良多，與他們聊到他們的生活、他們的感情、他們的精神修練，都讓我有很可觀的收穫。

這些良師益友，增進了我對自己與學生的心病、習慣模式、情緒等方面的認識，進而充實了我在教學上的深度，因為在此過程中，我對現代人所面對的特定情緒與心理挑戰有了更進一步的理解。比方說，人會如何在靈性實作中逃避他們的心理問題，以及我們可以如何去覺察我們的情緒模式與人際關係傷口中的隱性力量。這些洞見，共同塑造了這本書可以提供給各位的指引。

我的教學方法不僅源自於我在情緒與心理層面對當代各種挑戰的敏感度，也源自於我對深度轉變與覺醒之可能性的堅持與信念。我一面試著忠於深刻的傳統智慧，畢竟那是我出身的根源；另方面也努力不落後於時代更迭，發掘出新意。

這意謂著我會嘗試抱持開放與坦誠的胸懷去與學生進行直率的互動，並處理他們層次不一而足的各種緊繃、傷痛與困惑。

剛開始從事教學時，我使用的是一種比較傳統的風格，當時我把重點放在理論上，並熱中於強調傳統典籍中種種需要辨明的微妙之處。我多數的學生都受過良好教育，有很強的理解力，而且能提出很犀利的問題。於是我心想，哇嗚，這些人真的很聰明！他們應該會進步得很快吧。但在經過了十餘年後，我感覺好像有哪裡不太對勁。我的學生似乎在腦子裡「懂了」，卻還是年復一年地卡在同樣的情緒與能量慣性模式中無法脫身。這種泥淖導致他們無法在冥想造詣上有所精進。

我因而開始質疑起那些備受傳統珍視的做法，是否真能如我們所願地觸及學生？我思索著何以這些來自各國的學生可以明白冥想的教誨，但做不到將之體現於自身，並成就深刻的蛻變。

我猜想，會不會是他們在心靈中、在感受上、在身體裡的溝通渠道被阻塞或被箝制住了？從藏人的角度觀之，這種種渠道都應該要能相互連通並順暢地流動。然而，我看到的是我的學生只能用聰明才智去理解事情，卻無法融會貫通，因為他們做不到在身體與感受的層次上，同時消化這些知識。這讓身為冥想導師的我萌生了改變教法的念頭。

現在的我把重中之重放在療癒、在打開心智與感受之間的渠道，也在於學生全副身心靈的整備。本書中所敘述的技巧，正反映了這種我已砥礪數十年的新式教法。雖說這些技巧出自我幾十年來在冥想大師身邊的鍛鍊，以及我自身冥想打坐及教學的經驗，但它們並不是佛教徒或「重度冥想者」的專利。恰恰相反，它們是設計來造福全天下的每個人。

同時，這些新技巧也不只是各種精神官能症的解藥——它們還提供了實用的做法，供我們用以對應各式各樣一再糾纏我們的痛苦念頭與情緒。除了恐懼，還可能包括敵意、嫉妒、脫韁的欲望，乃至於任何一種使得我們與內心祥和無緣的阻礙。

我滿懷熱情地渴望推廣冥想，而且用的是一種能夠觸及眾人心理與情緒的方法，一種讓每一個困於現世的靈魂都能覺得實用且沒有距離感的方法。我們能用來照顧好自己心靈的時間極其寶貴，所以這些技巧必須要在當下就讓我們受惠。

丹尼爾・高曼

我出生長大的地方是加州的史塔克頓，那是一個在舊金山灣區以東九十分鐘車程的小鎮。在當時，我感覺那裡正是知名畫家諾曼・洛克威爾（Norman Rockwell）筆下，美國中部典型的祥和聚落。只不過到了晚近，史塔克頓掩上了些許相當不同以往的面貌：美國第一座宣告破產的市鎮，按月發錢給貧困公民的社會實驗場——更是幫派的溫床。

我很小的時候就注意到我朋友的家裡幾乎沒有書，但我家裡的藏書卻是數以千計。我的雙親都在大學任教，有鑑於此，兩人都非常重視教育，把受教育視為通往成功人生的康莊大道。以他們為榜樣，我成了一個很用功的學生，孜孜不倦地學習。

如此用功的成果，讓我進了東岸的一所學院，然後又從那兒去到哈佛攻讀臨床心理學的博士學位。不過當我受邀到印度擔任客座的博士生研究員時，卻迎來求學之路上的一次急轉彎。在印度的那兩年，我的研究主題——按我在我贊助人面前的說法——是心理民族學，或所謂的「亞洲心智模型」。但實際上，我發現自己一頭栽入了冥想的研究。

我從事冥想的起點是大學時代，而印度時期的我則滿懷熱忱地展開了一連串為期十天的閉關。閉關期間，我找到了內心的祥和平靜，以至於我在回到美國之後也沒有停止實行。在秉持冥想者身分的這數十年間，我邂逅了許許多多令人心服口服的恩師，而今天在我面前的這樣一位大師，就是措尼仁波切。

我在哈佛的博士論文，談的是如何把冥想當成一種處理壓力的手段，而我自那之後，就鍥而不捨地緊追著冥想修練的科學發展。我的職涯發展帶著我走上了科學報導之路，最終更將我領進《紐約時報》的大門，坐上了那裡的科學線辦公桌。我在這一行裡的核心技能，一向是深入科學期刊所報導的課題與新知，然後將之翻譯為社會大眾無須專業背景也能看得懂，並覺得有趣的淺顯內容。

在這過程中，我寫成一本書來講述跟冥想有關的科學新發現，那本書有一位共同作者，即我研究所時代的老朋友理查．戴維森（Richard Davidson），而他現在已經貴為威斯康辛大學的世界級神經科學家。我們合著的《平靜的心，專注的大腦：冥想鍛鍊，如何改變身、心、大腦的科學與哲學》（*Altered Traits: Science Reveals How Meditation Changes Your Brain, Body, and Mind*）取材自關於冥想實作的那些最嚴謹的研究。而今，我將再次汲取當年寫書時所依憑的冥想科學之井。措尼仁波切在每一章中分享的冥想鍛鍊法，我都會用實驗室中與之相呼應的科學發現來一一加以檢視。

這本書能帶給你什麼

正念已經橫掃了我們的企業、校園、瑜伽中心、醫療中心，進而滲透了西方社會大大小小的角落。雖說能藉由正念練習來放下俗世中種種煩憂的願景，任誰聽了都會受到吸引，但正念不過是深度冥想的其中一項工具，而不是唯一的工具。冥想的工具何其多。我們將在本書中介紹的練習路徑會觸及基本正念，但並不會止步於此。我們會告訴你正念的下一步是什麼——也會告訴你如何在求助正念的「上一步」就先行處理掉那些作為問題根源的深層情緒習慣。

這本書會協助你處理我們在現代生活中處處得面對的專注障礙——不只是與我們形影不離的手機、愈來愈瘋狂的行程表，還有更重要的，我們那些自毀的念頭，像是懷疑、憤世嫉俗，還有自我批判等情緒習慣；這一樣樣的事物都占據了我們的心靈。前面幾個篇章，主要用來幫助讀者面對多數冥想初學者的兩大課題：一、我的心靈超失控，我平靜不下來；二、我甩不開最讓我受不了的那些思緒，只能任其糾纏。在經過調整、專門用來處理這兩項障礙的冥想教學中，措尼仁波切首先丟出的是「放下」，期間，冥想者會切穿執著的思想，再來則是「握手」，過程中，冥想者會學著與最困擾他的思想模式交朋友。

這些一般不存在於標準正念課程中的做法，有其不容小覷的價值。很多人開始學習正念又放棄了正念，正是因為他們對於自己企圖用正念去克服卻又克服不了的雜亂念頭，感到挫敗、氣憤。這本書要講的，就是如何用愛與接納正面迎擊這些讓人困擾的思緒。

再者，有好幾種本書將在此分享的做法幾乎沒在其他地方被廣泛倡導過。少數熟稔這些做法的人都是措尼仁波切的學生，社會大眾則尚無緣親炙這些良方。

這本書特別適合：

- 考慮過要開始冥想，但不確定自己該不該或該如何開始的你；
- 正在進行冥想，但有點忘記初衷或不知道接下來該怎麼進步的你；

●已經堅信冥想之道而且想要引導所愛之人與之結緣，需要一本書可以推薦的你。

第二章

放下

無能為力，何須憂慮？
可以一拚，何須憂慮？

——西藏俗諺

措尼仁波切：實作

上世紀七、八〇年代，我在尼泊爾與北印度成長之際，生活的步調尚未太快。多數人都能感到踏實。我們的身體很放鬆，隨時都可以坐下來杯茶。我們可以毫無困難地微笑。當然，我們面對的挑戰一點也不少，貧困與發展機會的缺乏都是我們的問題。惟即便如此，你在這幅畫面中也看不到壓力與急迫。

只不過隨著這些地方逐步開發，生活步調也漸漸開始加快。路上的車子愈來愈多，愈來愈多人坐擁一份存有時限與期待的工作；愈來愈多人嗅到了中產階級生活的誘人氣味，開始不甘寂寞起來。我注意到人們開始顯露出壓力的身心徵兆。坐立難安的人多了，桌底下緊張抖動的腳也多了。他們的目光不再沉穩——而是到處東張西望——臉上也不似以往那般隨時掛著笑容。

我自己在開始從事一些較複雜的專案之後，也有了類似的感覺。當時我啟動了一個保存傳統文本的多年期計畫，而此計畫專案的辦公室位在市區的另一頭。我經常早上一睜開眼，心思就已經飄到辦公室裡。我的感官世界會不斷鼓動著我，快、快、快、快！牙齒隨便刷個兩下就好！快漱口！早餐一口氣塞到嘴裡就好，嚼一下就能吞了！你哪有時間拖拖拉拉！

在我開車穿越市區的上班途中，加德滿都的交通說多差就有多差。把油門踩到底就對了！別怕撞到人——你管不了那麼多了！快給我到辦公室就對了！待我好不容易走進辦公室，已經累了。我催促所有人加快速度，沒有放慢腳步好好花時間去真正確認他們的工作。我只想盡快離開那個地方。

逃出辦公室後，我會找個地方待著，隨便一個地方都好——咖啡廳之類的。我乾坐在那兒，也沒什麼特別的事可做；我想要冷靜下來，卻依舊感到焦躁不安。我整個人就像一具嗡嗡作響的行屍走肉——我的身體、感受與心靈都莫須有地充滿壓力。

惟有那麼一天，我做了一個挑戰自己的決定。我要開始尊重我身體的速限、它天然的速率，我不要再屈從於那執拗而扭曲、拚命三郎般的衝勁。我對自己說，很簡單，以後我每件事都正常去做，用正常的步調去做。我什麼時候進辦公室，就什麼時候進辦公室。我不會再讓那股躁動的能量推著我跑。

我悠悠地度過早晨，什麼節奏適合我，我就跟著走。早上起床前，我會先伸個懶腰。我會認真把牙刷乾淨，不為了趕時間而跳過任何一顆。那股勁要是又跑來催促我——動作快，你怎麼還在家裡！早餐隨便抓點到車上吃！——我只當作耳邊風。

我這麼做，是在尊重自己身體的速限。我會坐下來，好好吃頓細嚼慢嚥有滋味的早餐。我會不疾不徐地用適當的速度駕車，甚至像是在兜風。那股勁一要我加快速度——你怎麼慢吞吞的——我會帶著微笑搖頭。最終，我進辦公室的時間跟之前所差無幾。

走進辦公室，我感覺清爽而放鬆。辦公室看起來比我印象中要更加平靜且美麗。我坐下跟員工喝起了茶，看著他們的眼睛好好說話，並確切檢視了他們的進度。我一點也不急著走。

找到我們的地基

我希望腳踏實地，從地面開始。在我所屬的傳統裡，我們族人向來喜歡打造建築物——寺廟、尼姑庵、修道院、舍利塔。許是一種對我們祖先游牧生活的補償心態。總之，我們在描述事物時，常用上跟建築有關的比喻。而任何一名從事建築的人都知道，堅實的基礎比什麼都重要。今天若把建築換成冥想，我們同樣需要一座堅若磐石的地基來供我們起步。

冥想的原料，就是我們的身體、心靈與感覺。我們要處理的是自身的思緒與情緒——我們內心的快樂與悲傷，我們面對的挑戰與掙扎。在冥想的世界裡，所謂堅實的地基就是我們要接地，要處於當下，要保持連結。出於各種原因，這年頭要做到這三點並不容易。所以我希望我的操持跟我學生的操持，都能以接地的練習來作為起點，而所謂接地就是找到身體、安頓在體內、跟身體產生連結。我們心靈裡的紛亂思想看似無窮無盡，且往往會讓我們在事後感到焦躁、疲憊，該是堅實地面之處卻一片空虛。因此，這個練習的目的就是要切穿漫天飛旋的思想，把意識帶回我們的身體，使之單純地在那裡停留一會兒。我們這是要連結起自己的心靈與身體，並且找到我們的地基。

放下的技巧

我想要分享的第一種技巧，放下，是用來打破習慣，那種我們會卡在內心思緒中——也就是鑽入牛角尖中走不出來——並因此與身體脫節的習慣。放下與其說是一種冥想，不如說是要人暫且切穿會讓張力積累的意識流，因為那裡頭只有源源不絕的思緒、憂慮與急切。放下，讓我們可以以接地且具身（embodied）的方式降落在當下的這一瞬間。放下，能讓我們做好冥想的準備。

放下的時候，你要同時做這三件事：

① 舉起雙臂，然後讓雙手落到你的大腿上。

② 大口、大聲地呼出一口氣。

③ 讓你的意識脫離想法，並使之降落到身體的感受上。

接著就在原地休息，讓意識停在你的身體上，不要懷抱任何特殊的心思。感受你的身體跟體內所有的感覺：愉快或是不快、溫暖或冷涼、壓力、刺癢、痛覺、幸福，對你的感覺來者不拒。重點不在於那些感覺是什麼。就算你什麼都感覺不到，那也無妨——那你就乖乖地與麻木為伍。

簡單來說就是：放下、休息、放鬆。我們只是單純讓意識在身體裡接地。

我們不是在追求一種特別的狀態，也不是在尋求某種特定的感受。所以你無須擔心自己會「放錯」，因為放下無所謂對錯，就像我們的內心與官能感受也沒有對錯，它們只是存在，只是該怎樣就怎樣。由於人有很強烈的傾向會想要跳回腦中的思考，進而讓意識飄離原本接地的身體，所以你可以持續重複放下的過程，意識跳開幾次、你就打斷腦中的思想幾次。

你可以每次先試個五分鐘：放下雙手，吐口大氣，然後放下你正在思索的心靈，使之沉入你只靠感官在感受的身體。就此休息一會兒，長度抓個一分鐘上下，然後再重新放下一遍。你可以視需求不斷反覆這個流程。

讓自己從內而外放鬆。准許自己什麼都不做。一開始那感覺會有點生疏，但隨著練習的次數不斷增多，你就會慢慢覺得自然而不做作。

在你的意識落入身體的同時，記得去留意你軀體那種接地的質感，那種渾然天成，由地而生的樸實、重量與沉靜。留意你與地板或椅子的接觸點。任由一種屬於存在的單純平靜顯露出來：那存在著的就是你的身體，那生於塵土，承載著膚肉、神經與骨血的容器，端坐在那裡，暫且沒有任何動靜。

學著放鬆

放鬆是一件很值得玩味的事。沒有人不想放鬆，但放鬆又出奇地沒有想像中容易。我們常覺得放鬆就是警醒的相反。警醒是我們有事情要完成時的「開啟」狀態，而放鬆就是一種關機並讓系統休眠的辦法。

想到放鬆，我們可能會浮現手拿遙控器的自己癱在沙發上無腦追劇的畫面。這種趨於麻木的放鬆會讓我們暫時感到舒坦，但根本的壓力源並不會有所緩解。真正的壓力仍在水面下游移，而最終，我們並不能如所盼望地那樣感覺煥然一新。

放下則是另外一種型態的放鬆。這是一種更深刻、更內在，連結到我們身體與感受的放鬆。我們在此並沒有要逃離自己的身心而去別處放鬆，也沒有要刻意用自我麻木來當作壓力的解藥，我們是在學習帶著意識放鬆，在嘗試根治身心的失衡，好讓自己不要再繼續迷失在思緒中。

對許多冥想的初學者而言，憂思似乎是一道難以跨越的鴻溝——我們常聽冥想的新手以各種說法表示：「我沒辦法控制我的腦袋，我做不到！」放下就是專門對付這個無人能倖免的困境：我們的思緒停不下來，因此讓冥想練習難以為繼。

放下會為我們指出一條心靈的澄澈之路。即便僅只一霎，我們也能藉著這種澄澈從一個接地、具身的起點重新出發。放下可以將一連串的思緒、憂慮與急切在其累積張力的過程中打斷，讓我們為此後每一次的冥想練習做好準備。這就是我們要從放下開始談起的原因。

試著用這些咒言放下一切

有時試著在練習放下的時候使用咒言——你默默在內心複述的一句話——會有不錯的效果。我自身愛用的有兩款咒言，你可以都試試來判斷哪一種適合你。這是第一種：

你坐著時，雙手一放到腿上，就一遍又一遍在內心輕聲對自己這麼說：「那又怎樣！誰在乎？沒什麼大不了。」

這話語會發出一道訊息給我們憂愁且焦慮的心靈，提醒我們內心擔心過度的那一部分——讓它知道它把每件事都抓得太緊了點。當然適度的擔心是好的，也是重要的，但我們往往會在擔心的過程中摻入不必要的焦慮，進而變得過度神經質。這時我們就能用這道咒言來中和一切。

另外，你也可以試試看這則咒言：「會發生的，就會發生；不會發生的，就是不會發生。」你可以在腦子裡再三重複這句話，或是悄聲地對著自己說。

這則訊息提醒著我們別與經驗的流動脫節，也別妄想能控制一切。雖然這些道理我們理智上都懂，但我們憑情緒行事的身體仍需要提醒，因為急促就寄居在依附情緒的身體裡，壓力也是累積在依附情緒的身體裡。

這些咒言還有另外一個作用，就是強化我們「認知心靈」與「感覺身體」之間的溝通。如我們將在下一項技巧中討論到的，這兩者間不時會劍拔弩張——而問題可能就會由此而生。

丹尼爾・高曼：原理

我在加州一個小地方長大，上的是公立高中——但後來我踏上了往東的旅程，進了一間競爭激烈的私人學院。我在那兒撞上了一堵牆：必修的大一微積分。此前，我從來沒聽過微積分這三個字，那在公立學校的數學課上聞所未聞。

我的大學同學們跟我不一樣，他們大都是念升學預備學校上來的，都上過微積分的先修課程。而升學預備學校跟微積分先修課這兩個詞我連聽都沒聽過。果不其然，我的大一微積分狠狠拿了一個D。

這樣的出師不利，使得我內心對大學之路的前景湧現了一波波的焦慮，即使我後來已漸漸追上同學，焦慮也未曾停息。這股焦慮似乎已經與現實脫節，形成一個自給自足的生態，不管我拿出再多的反證都無法將之捻熄。

所謂帶毒性的憂慮就是這麼一回事。憂慮可分為三種類型。在最好的情況下，我們先是憂慮——專注在某項挑戰上，翻來覆去地想它——然後想到我們可以踏出某一步去彌補，最終將心中的焦慮放下。這是屬於有建設性的憂慮。

第二種憂慮會在我們面對威脅或緊急狀況時發生，然後在情況解除後消失。這是針對威脅的務實反應，是合情合理的憂慮。

第三種憂慮，也是讓我憂心忡忡，最糟糕的一種：在我們心中不斷盤旋且看不到終點的憂慮。認知科學稱這種憂慮為「反芻思維」：一種踩不住煞車、讓你永無寧日的意識流。史丹佛大學的研究發現反芻思維不僅本身是惡劣情緒的製造機，還有將這些惡劣情緒加以強化並延長的效果。[1]當我們赫然驚醒在凌晨三點，這些陰魂不散的憂慮也能瞬間抓住我們的注意力。此種有毒的憂慮在這年頭已然無孔不入。

我們會憂慮的原因很簡單——這是人類祖先遺留的產物。史前人類存在的大部分時間裡，其大腦肩負著生存的重任，這個頭頂上的器官得時時刻刻掃描危險的存在。歷史出現後的年代，人腦中這種偵測危險的迴路被留存下來，一如既往是幫助我們祖先求生的關鍵要角：一旦警戒迴路察覺威脅出現，就會立刻促使人類做出或戰、或逃，或是停留原處躲藏的反應。至少一部分人類祖先確實因而活了下來，進而能夠把這種反射動作遺傳到我們身上。時至今日，這些警戒迴路負責讓我們處於隨時可以行動的生理狀態——一旦被突然冒出的強烈負面情緒淹沒，就會導致如同膝反射的瞬間反應，出現一股要立即有所行動的衝動。

杏仁核是人腦中的威脅雷達；只要稍有危險訊號，杏仁核的迴路就會通知前額葉皮質這個大腦的行政中心，從而將我們一把推進恐懼或憤怒之類的情緒裡。[2]這一套在史前時代似乎運作得不錯，畢竟杏仁核當時察覺到的危險是我們快要被猛獸吃掉了。但到了現代，這種腦部設計常常會辜負我們，而且理由還不只一個。

首先，杏仁核接收到的是模糊的信號。雖然杏仁核有超級快的單神經元連結通往眼睛與耳朵，但多數進入大腦的資訊都會走別條路徑。杏仁核看到的就像是因為雜訊而滿是雪花的舊式電視螢幕。再者，杏仁核的決策規則是寧可錯殺一萬，不可放過一個——它只能根據質與量都不夠齊全的資訊做出電光石火間的判斷。然而在現代生活裡，所謂的「威脅」鮮少是具體的生死交關，更多的是現實中一言難盡的抽象狀態，比方說覺得某人對待自己不夠公正；結果就是：杏仁核動輒就會綁架我們的大腦行政中心，導致我們做出事後將為之後悔的行為。

杏仁核會獨攬我們注意力迴路的大權，讓我們滿腦子都是自己主觀認知中的威脅。杏仁核一啟動，我們除了會死盯著自己認定的威脅，更會不容許自己分心去想別的事——外加產生一股強大的衝動想要去做點什麼。換句話說，我們會操心操個不停。

這種我在大學時代深陷於其中的憂慮——反芻思維——正是「放下」可以拉我們一把的地方。雖然目前尚無直接針對放下一事的腦部研究，但參考相關調查可得知，卡在反芻思維裡的人似乎可以藉由思緒的戛然中斷來澄清心靈——就像突然被嚇一跳的人會忘記自己原本在想什麼。至於我自己，為了處理這種憂慮，則踏上了最終讓我與措尼仁波切在冥想之路上同行的旅途。

第二章

腹式呼吸

措尼仁波切：實作

假使只能用一個詞來捕捉現代生活中最具挑戰性的精髓所在，我會說那個詞是急促。我們家庭與職場生活的步調，加上我們時時刻刻接收到的大量資訊與刺激，很容易就讓我們無法接地，也無法感受到內心的滿足。

急促、過度刺激、壓力，共同揑製出的是格外敏感也格外脆弱的我們。不幸的是，這些力量會愈加不停搥打我們敏感化的身心。進一步探究壓力時，我意識到我們具象的肉體與認知的心靈都不是主要的問題所在。我們身體的運動速度是有極限的，一旦到了極限，我們再想快也快不起來；而心靈方面只要有必要，高速思考於我們通常不成問題。所以問題出在哪？是什麼在感到壓力爆表？答案是我們的能量世界——我們的感覺、情緒、感官與心流。這個經常被我們忽視的灰色地帶，就是壓力的關鍵所在。西藏的傳統相當重視我們身為人類的這一塊，並提出了各式各樣的技巧與見解來幫助我們維持能量的健康與平衡。

如上一章所述，我親眼見過急促與壓力在我自身生活中所造成的影響，那影響在我體內是一種真切的感受。那種壓力會隨著時間不斷累積，並逐漸開始影響到我。我好奇起這種效應確切發生在哪裡，為此，我甚至掛號看了醫生，但檢查結果一切正常。轉而觀察自己的內心後，我看到自己在思考的心靈也一切無恙——其銳利與敏捷度都沒有打折扣。既然如此，真正受到那麼大影響的是什麼呢？我這才明白這種急促跟壓力主要影響到的，是我的能量與情緒——即我所謂的「感覺身體」。

我意識到我的能量與呼吸高高地懸於我的胸腔與頭部，而不在下方的腹部。這讓我的腦袋嗡嗡作響，有點失去平衡，同時無法接地。我在頭部感覺到壓力，眼睛微微灼熱。除了平常好玩的事情變得少了些樂趣，我還開始做起白日夢，想著自己哪天可以不上班只耍廢，何時可以在行程裡塞進一天休假。在自己身上看出這種模式之後，我才發現舉凡我身邊遇到的人，包括我在世界各地的學生，其實也都有相同的現象。

不過我還算幸運，因為我畢竟擁有一些處理身心問題的背景，還算有能力運用一些技巧來撥亂反正。而隨著我開始分享這些調整的辦法，我發現很多人都覺得這些做法很受用。所以我打算把這些裨益過我自己，也幫助過身邊不少朋友跟學生的技巧，在本章與大家共享。

試試看 閉上眼睛、把意識下放到體內。進入不論正在發生什麼的當下，單純去感受當下是怎麼一回事。你感覺到的是壓力，還是放鬆？抑或是這兩者以外的東西？你分得出哪些是身體的具象官能感受，如暖、涼、痛、爽、緊；哪些又是能量層級的微妙感受，如騷動、急促、焦慮、興奮、冷靜嗎？不論當下發生了什麼，你都不要抗拒，也不用擔心，感受是你唯一要做的事情。

三種速限

那天早上在加德滿都挑戰自己放慢速度時，我從這個任身體以自然速度移動的體驗中，領悟到三種重要的區別：我的肉體、我的思想、我的能量。讓我意外的是，當我尋找起問題——壓力——的根源，我發現在我的肉體跟思緒中找不到任何蛛絲馬跡。我這才意會到人的速度有三種：身體的速度、認知的速度，還有感受或能量的速度。我可以走得很快、動得很快，但不涉及壓力或緊繃。我的身體可以想動多快就動多快，所以問題不在身體。我的心靈也可以讓思緒與創意高速運轉，這同樣不構成問題。真正失去平衡而遭到扭曲的，是我的感覺世界。於是我了解到人的壓力是累積在能量跟感覺的世界裡。而我愈是明白自己內心發生了什麼，我也就愈能往外看見人們亦是如此，而且不受國界所限。不論我們如何稱之——急促、焦慮、躁動、壓力——我認為絕大多數人都明白我指的是什麼。

我把這種理解定名為「三種速限」：生理速限、心理速限、感受或能量的速限。身體有其自身最健康的步調，但感覺的世界可以以一種扭曲的方式被驅策。

那種（由焦躁、焦慮等形式的能量帶出的）感覺並不健康。這些能量與感覺之所以扭曲，是因為它們不合理，因為它們與現實脫節。我們明明做不到，急促的能量卻還是呲牙裂嘴地要我們馬上抵達目的地。明明並沒這回事，焦慮卻會跟我們說我們死定了。

為了清楚區分身體的速限跟感覺世界的速限，請想像你有一間偌大的房間要打掃乾淨。你走進房間，瀏覽一下有哪些活要幹。移動家具、掃地、拖地、吸地——全部忙完得花大約一小時。這就是身體的速度極限。而感覺的世界則可能很放鬆，也可能無時無刻不在拚命催促我們：動作快！趕緊把事情完成！我現在就要看到成果！要是真照做，我們就會隨時充滿壓力，並在二十分鐘內耗盡精力。反之，若是能把能量放鬆，那我們就能帶著對自然速限的尊重，在不感到匆忙或焦躁的狀態下照樣把房間清理好。我們甚至能在大功告成後感覺神清氣爽。

若我們把這幾種速限混為一談，那就等於誤診了問題所在，誤診的後果就是沒辦法對症下藥。常見的一大誤會，是以為高速的能量跟快速的動作乃同一件事，於是我們就會試著放慢身體或放慢思想；而這兩種做法都注定無用，因為人類的肉身與認知皆非問題的癥結，更不能在此找到解決方案。尤其若真的採取這兩種策略，還會引發其他的問題。因為要是放慢了身體與思考，我們就得開始擔心起自己能不能在世間好好運作，甚至我們會開始害怕、開始對世界產生敵意並變得退縮。我們不能不在世界運作；生活的步調如此之快，不可能為了我們放慢下來。我們得跟上世界運轉的腳步。我們必須讓身體動起來，必須讓心智發揮作用。快速地思考並沒有問題，事實上反而是有用的！至於關乎我們存在的第三部分、那片感覺世界裡的渾沌區域，又究竟是什麼呢？我想這個部分，就是理解壓力跟處理壓力的關鍵所在了。

下放意識到身體裡，照單全收地去體會各種情緒與能量。即便這些情緒與能量表現出速度與焦慮，去感受它們；這些情緒與能量若顯出放鬆與接地，一樣去感受它們。坐著或站著都好，請你甩甩身體、動動屁股、肩膀、雙臂，就像是隨著最喜歡的歌曲跳舞。內心緊張時，把動動身體當作一種遊戲。內心放鬆時，也把動動身體當成一種遊戲。看看自己在不同情境下會有什麼感受；看看在正常速度和快速擺動身體的同時，你的內心是不是可以一樣很放鬆。

能量與微細身

在西藏的傳統裡，我們稱這種渾沌的感覺世界是「微細身」，至於在微細身中流動的能量則稱為「隆」，概念上，相當於華人說的「氣」或印度人說的「普拉納」。考量到英語中沒有精準對應的字眼，我們就姑且稱之為能量吧。微細身作為感受與能量的世界，在認知心靈與人體肉身之間運作。在西藏傳統的瑜伽生理學中，微細身的組成是普拉納（能量；氣）、納迪（渠道；脈）與賓杜（本質；明點）。稱作納迪的渠道是一種「架構」，或多或少相當於中醫裡的經絡，也就是針灸之所以有用的基本概念。我們的納迪/渠道可以順暢也可以打結，可以開通也可以阻塞。我們流通於這些渠道內的普拉納/能量可以奔放也可以受困，可以平衡也可以失調。我們的賓杜／生命本質，宛如喜樂、幸福、靈感、明晰與愛的種子（我們會在後面的章節細究賓杜）。

此處我們的主角是普拉納／能量。與普拉納息息相關的是呼吸。事實上，普拉納或隆的另外一個別名就是「氣息」，呼吸甚至被視為一種粗略而具象的普拉納。呼吸影響所及包括我們微妙的內在能量。當我們受驚或焦慮、呼吸變得淺薄而粗糙之際，緊張感就會上升，情緒或情感的能量也會拉高；當我們的呼吸深刻而順暢之時，內在能量也會一併獲得調解與舒緩。

人類的一大主要能量在西藏的體系中被稱為「上升能量」，在我們需要採取行動、需要反應、趕時間、動腦筋、把事情完成時，這種能量就會升高，有鑑於此，在日常生活中與緊急狀況下，這種能量可以說相當管用，幫助我們針對瞬息萬變的情勢做出回應。在健康的人體中，上升能量會在發揮完效用後馬上回到肚臍以下的天然棲息處，讓我們得以放鬆並回復能量。

然而，要是這種能量遭到長期性的過度激發，它就會開始回不去其棲息地，滯留在我們的上半身——頭、頸、肩、胸，與上背。這股能量會持續在上半部嗡嗡作響，持續捶打我們。接著我們就會開始感受到慢性壓力的各種症狀。有些常見的生理跡象，包括眼睛因為敏感而頻頻流淚、口乾唇燥、頭痛，肩頸緊繃，以及胸腔嗡嗡作響。我們會感覺到脆弱、怯懦、失衡與無法接地。快速的能量也會觸發焦慮與急躁的思想。

你可以想像人體是一棟三層樓房。一樓是肉身、二樓是能量或感覺的世界，頂樓則是心智。當二樓的能量與感覺世界出現失衡，它就會向上撞擊頂樓的心智，觸發躁動與焦慮的思緒。它同時也會向下撞擊樓下的肉身，觸發各式各樣的壓力症狀。二樓若處於平衡且冷靜的狀態，我們就能夠身手俐落、捷思泉湧，同時又保有輕鬆且健康的狀態。住著各種情緒跟能量的二樓，是我們壓力累積的地方，也是我們可以學著去冷靜的地點。

試試看 把意識下放到你的肉身，去感受你的情緒與能量。拿出些好奇心，這股能量位在何處？這股能量的本質是什麼？是什麼在那裡衝來衝去？我們並不是在邀請新經驗進來，我們其實更像是在搜尋、發現原本就在那裡的某樣東西。

挑戰，會出現在我們的感覺世界跨越天然速限之際。現代生活的步調很快，而我們從年紀輕輕時就開始往體內塞進愈來愈多的東西。我的女兒要兼顧課業、考試、各種期限、嗜好、交通與社群媒體，而當時她只是個十來歲的少女。要是再加上工作跟家庭，一個人的壓力跟忙碌就更非同小可了。這些外在的壓力已經被內化到我們敏感的系統裡。

我們會為了跟上生活的步伐反覆超越自己的速限，只為了讓一切保持在掌握之中，但這同時也讓我們在期盼與恐懼中感到焦慮。太多時候我們只是不斷地匆忙奔走，不斷地壓榨自己。只因為下意識害怕落後於人或一切分崩離析，我們會對感覺世界捎來的訊息視而不見，不去放緩腳步，也不稍事休息，更不去做出改變。而這一切都只會讓我們天生的接地性成為犧牲品。

在前一章裡，我們學到了放下這種脫出我們的思想心智降落在肉身中的方法。只要能反覆練習到熟能生巧，許多莫須有的壓力都可以透過這種技巧煙消雲散。「放下」可以令我們感覺到更腳踏實地、更活於此身。只不過並非所有的壓力都可以這樣說放下就放下。有些壓力已經深深扎根於我們的肉身、心靈與感覺世界裡——我們稱這些壓力為「慣性模式」。當我們在學校、在職場、在家中……再三超越自己天然的速限，最終結果是壓力會成為一種下意識的習慣或模式，讓我們常態性地處於不平衡狀態中。

假以時日，難保這不會演變成一種能量的失調——在西方則被稱作持續性焦慮：我們發現自己即使想冷靜也冷靜不下來。即便我們的身體處於放鬆的狀態，內心也總是有什麼東西在蠢動。我們會嘗試舒緩這種感受，但就是無法真正消除。我們會持續嗡嗡作響，就像引擎處於空檔但油門踩到底。車子的轉速飆高，我們卻前進不了。我們許多人都經歷過半夜在床上躺著，想睡但睡不著，該休息卻放鬆不了，只能任由低頻的姆姆姆姆姆……在我們周身共鳴；我們輾轉反側地想著工作，一下擔心這個，一下擔心那個。這代表的是我們體內殘存有失調與失衡的能量，是我們必須要去處理、去限縮、去改造的東西。此處介紹的做法將聚焦在如何安撫我們的能量，你可以想成是破解壓力的一把祕鑰。

急促、壓力、焦慮與躁動皆非生根於心靈——所以腦袋動得再快也無所謂。肉身動得飛快也同樣不是問題。我們需要的是明白自己現在變得急促，去感受那股急促的能量，並透過呼吸去恢復其平衡。只要能做到這些，我們終有一天會發現自己找回了體內能量的平衡。我們將能清楚看見三種速限的區別，也會知道該如何分別予以照顧。我們將學會如何放慢感覺世界的步調，且體會到身體與心智無須跟著放慢。有朝一日我們就可以腳下健步如飛，但內心宛如止水；可以讓思緒與創意在腦中狂奔，但能量依舊有條不紊。那一天，就是我們追求的目標。

以功夫大師為例——比如我心中第一名的武術家李小龍。功夫大師都有迅如雷電的身手，也有鋒利無比的思緒，但只要修為到家，就能夠總是心如止水。我們的能量在自然狀態下，都是冷靜且明智的，我們的肉身與心智便在這基礎之上運作。如果我們的能量狀態顯示為急促，那我們表現在外的跡象就會是焦慮與躁動；如果我們的能量能達成平衡，那外在的急促、躁動與焦慮就比較不會侵擾我們，或者就算我們真的沉不住氣了，恢復的速度也會比較快。這就是為什麼有必要區分開健康跟不健康的能量。我們需要健康的能量來幫助我們應對這個世界。

習得下述這些呼吸—意識的技巧，終有一天我們可以達到與能量同步。我們會嫻熟於與能量共處的技巧，得心應手地知道該讓自己的哪一部分休息，又該讓哪一部分上工。換句話說，我們會知道如何操縱肉體、心靈與感情的世界。我們會知道何時該快、何時該慢才於己有益。就像學有所成的舞蹈老師在編排舞步的動靜、節奏與（肢體）表情，我們也會慢慢更懂得在身心情三方面之間找到平衡。有了平衡，生活就會更加快適，能量與感情的世界會變得格外放鬆，心智會變得清晰而開放，肉身的動作會更加順暢與俐落。一旦擺脫了壓力，我們的一切活動就會變得像在跳舞、像在慶祝。

實作

想處理這種向上移動的能量，我們有四種柔性的呼吸技法可以派上用場。這些技法可以拉住向上的能量，讓它們下降到肚臍以下的天然棲息地，在那兒靜靜待著。這些技法即使單獨來看，也都是極具裨益的做法，而統合起來共同操作更是能組成一種具全面性的鍛鍊。這四種呼吸技法是：

① 深度腹式呼吸，也就是所謂的嬰兒式呼吸。

② 掃描身體並感受我們的急促能量。

③ 將急促的能量、意識與呼吸結合串聯起來，然後將它們一併帶到肚臍以下。

④ 一種運用意志力去最低限度地控制肌肉，非常精巧微妙的技法。

方法一：深度腹式呼吸，亦稱嬰兒式呼吸

通常在受到驚嚇、情緒被帶起、或是單純壓力大的時候，我們的呼吸會變得

迅速、淺薄，且集中在胸腔。這會在潛意識下發生，但久而久之可能變成一種習慣，屆時我們的肉身就會忘記什麼叫自然而放鬆的呼吸。在我所屬的傳統中，我們相信所謂自然的呼吸是深刻的腹式呼吸。

找出一種放鬆的姿勢來練習你的呼吸法。坐著或躺下都可以。如果是坐著，那不論你是坐在地板上，還是坐在椅子上，請試著找到一個你的背脊打直但不緊繃、挺拔但很放鬆的姿勢。你的手跟腳怎麼放不是那麼重要，畢竟沒有兩副身體是完全一樣的。你可以測試不同的姿勢，決定哪一種最符合挺直卻放鬆的要求。不論你最終採取哪一種姿勢，最核心的要點就是要放鬆。

溫馨提醒 如果坐在椅子上，那請你試著盤腿，或把腳底板平貼在地板上。但要是你做不到這一點也不用擔心。如果選擇用躺的，那請你試著把挺直的腰桿貼在地面上，可以的話，再把雙腿彎起，腳板平貼在地上。

接著把雙手擱在你的小腹上。你的拇指約莫擺放在肚臍的位置。放鬆肩膀與雙臂。開始和緩地從腹部呼吸，讓你的肚子跟雙手隨著呼吸起伏。你可以把意識安放在起伏的肚子跟雙手上。試著讓你的頸部、肩膀與胸腔徹底放鬆，不要有絲毫緊繃。讓身體上半部完全休息，把大部分的動作交給下腹部負責。

溫馨提醒 要是你找不太到腹部的呼吸，或是沒辦法隨著腹部的呼吸放鬆，那請你嘗試仰躺著曲腿並讓腳板貼地。把中等重量的物體（如厚重的大書）放在肚子上，去感覺肚子在你練習腹式呼吸時的平緩起伏。這將有助於你在練習的過程中穩住肉身也穩住意識。

等到感覺足夠放鬆，呼吸也進入規律的節奏後，你就可以加大呼吸的深度，讓肚子與雙手隨著每次的呼吸起伏。然後在呼吸完全進入跟完全離開身體之時，加入簡短的暫停。換句話說，在呼出二氧化碳後先暫停個幾秒，再重新吸入氧氣；或是在吸完氣之後，屏息幾秒鐘，再開始呼氣。這些僅僅數秒的暫停，應該處於放鬆跟舒適的狀態。不要屏息到氣喘吁吁或窘迫的程度，這不是憋氣比賽，愈久並不會愈好。這是一個循序漸進的訓練，我們只是在探索一種新的呼吸法。

溫馨提醒 有朝一日，你自會感覺到吸氣後屏息跟呼氣後屏息哪種於你更有幫助，你喜歡哪一種就做哪一種。當你感覺到屏息的過程愈來愈舒服，進步已經自然而然地發生，而等你有進步了，屏息的長度就會自然變久。

最後，你要做的就是保持放鬆，持續這樣的腹式呼吸。允許你的身體去享受這種深度且具有節奏的腹部呼吸。讓你的整個系統冷靜下來，放開該放開的，就像無憂無慮的嬰兒在休息一般。所以這種技巧有時被稱為「嬰兒呼吸」。在舒適的前提下持續這個練習。這種深度腹式呼吸法本身就有許多好處，所以就算後續沒有其他的配套技巧，把它學起來也不會吃虧。

方法二：身體掃描

身體掃描的目標是要找到你的急促能量，並跟這股能量產生連結，也與你的焦慮與躁動感產生連結。在此很重要的是需採取一種溫柔而好奇的態度。否則我們就會把自身的急促想成是一種需要剷除的敵人或惡疾。正確的做法，是我們應該要將之視為一名過動的孩童，對其溫柔以待。這種技法跟其他較傳統的身體掃描技巧有些許的差別，包括那些聚焦在無揀擇覺察上的技巧，因為在此我們是主動選擇去關注急促的能量。跟第一種技巧一樣，這種身體掃描技巧本身就有許多好處，同時也能作為第三種練習——呼吸駐留（khumbak；本意為陶器、容器）——的重要準備。呼吸駐留也就是所謂的柔性寶瓶呼吸法。

我們的第一步是找出舒適的姿勢，這個姿勢必須符合兩個條件：你的脊椎必須打直，但全身必須放鬆。坐臥皆可，一開始先用幾次呼吸來進行放下練習，如果時間充裕，也能按照前面的介紹做幾分鐘深度腹式呼吸。

接著把覺察，也就是意識，引入你坐擁能量的感覺身體中，在當中探得急促的能量所在。掃描身體的辦法有兩種：一個是讓意識逐步移動到身體各隅，一個是把意識直接帶到有需要的地方。如果你已經知道急促能量位於何處，可以直接切入那裡。要是不知道，則可以在放鬆的狀態下把意識依序移動到頭、臉、頸、肩、上背與胸部。記得要帶著好奇心與溫柔的態度。只要與身體感知與內在覺知直接連上線，就算達成了這個動作的主要目標，此舉別無他求。我們不是在尋找特定的身體感知或內在覺知，也不是要改變什麼。我們單純地只是在探索急促與躁動的覺知。

跟急促能量有所關聯的身體感知與內在覺知有時相當微妙。隨著探索的持續進行，你會同時注意到緊繃、痛苦、灼熱、乾燥等較粗糙的生理感知，以及刺癢、震動與微顫等較為細微的感知。繼續這個練習，一而再再而三地掃描身體，並請記得要保持好奇心，對你感知到的所有東西都保持開放的態度，不要帶有成見。

方法三：柔性的寶瓶呼吸法，搭配呼吸駐留

這種技法衍生自經典的寶瓶呼吸法，但是比較柔性的版本。雖然這種調整過的版本不需要老師在一旁指導，還是請各位務必遵守此處的指示，並傾聽你的身體。

柔性的寶瓶呼吸是一種集大成的技法。以腹式呼吸、身體掃描等技巧為基礎，我們學著去把呼吸、急促能量、覺察結合在一起，共同帶到肚臍下方保存。這種技法需要反覆演練，因為我們是在鍛鍊一種能量的習慣。很重要的是身體必

須保持放鬆，壓力必須拿捏得非常輕柔；萬一我們緊繃起來且太過用力，這種練習可能產生反效果，讓我們的能量更加不平衡。要是我們太緊繃，特別是繃在胃的上半部區域，大抵在腹腔神經叢與胸骨一帶，能量就會卡在那兒，然後向上「反彈」回到我們的胸腔與頭部。這會讓我們一時間感覺比練習前更差。

這是一種很微妙的鍛鍊；你必須在實作中去摸索正確的平衡點。我們可以藉由兩種比喻的幫助來視覺化跟了解這種技法，一個叫「法式濾壓壺」，另一個是「氣球」。這兩種衍生的小技巧可以帶來不同的體驗，所以你可以都玩玩看，看哪一種感覺於你更自然，更加裨益。

首先，進入一種脊椎打直但全身放鬆的姿勢，坐臥皆可。然後先做幾分鐘的腹式呼吸，算是熱身。再來就是去掃描急促能量的蹤跡——躁動、焦慮或微齟的跡象。當你感覺到自己跟能量連上線了，就可以準備進入下一步。

法式濾壓壺：保持放鬆跟接地，呼出全部的空氣。在透過鼻孔呼吸的同時，想像該呼吸混入了急促、躁動的能量，並和緩地將那股能量向下壓去，就像法式濾壓壺在輕輕地把研磨咖啡粉推到容器的底部。急促能量會從軀幹的上半部被往下擠壓，通過胃部並朝其肚臍下的天然棲息地而去。接著請你屏住呼吸，讓能量在下面停留幾秒鐘。為了讓那些能量被收置在「寶瓶」之中，我們要用排便的肌肉催動非常柔性的下壓力，好讓能量被徹底按壓在那裡。大可不必卯起來用力；徹底把氣呼出去，然後再重新吸氣，持續重複這個過程。

氣球：這在生理上等於是同樣的練習，但有些人會把法式濾壓壺的意象解讀得太過強勢，以至於他們在壓制能量時壓得太大力。所以為了替換法式濾壓壺，你可以想像你的下腹部有一顆氣球，位置就在你的肚臍下方。在這個版本，我們不會把什麼東西往下壓。每一次吸進來的氣都在填充氣球，每一次呼出都在為氣球放氣。

保持放鬆跟接地的狀態，徹底把氣呼出，清空氣球。吸進空氣時，想像空掉的氣球吸納了你的氣息與急促能量，填滿了肚臍以下的腹部。等下腹部滿了，再輕輕「捏住」氣球的頂端來防止能量外洩，也就是以排便的肌肉配合輕到不能再輕的力量去下壓。屏息數秒，完全吐氣，然後持續反覆這個流程。

當像這樣屏住呼吸時，很重要的一點就是別憋氣憋到緊繃或喘不過氣。剛開始屏息幾秒就好，在幾天或幾週之間慢慢把長度拉長。只要持之以恆地練習，你的肺活量就會自然而然增加，感覺毫不勉強。你可以從兩三秒開始，並以十五到二十秒為目標。

這種進步能使你獲益良多，因為呼吸駐留量的增加往往象徵著微細身的更加放鬆，還有能量的更受控制。

如果你感覺到頭或胸很緊、頭輕飄飄的，或是頭暈，那可能就是你繃得太緊，用力太過，或是憋氣過久。這時你就要喊停並稍加放鬆。試著輕柔地進行腹式呼吸跟身體掃描，看看緊繃的感覺是在哪裡累積，然後就放鬆那裡。

方法四：更上一層樓的溫柔

最後一種技法適用於我們已經稍微嫻熟其他技巧的時候。等到已經很適應腹式呼吸，已經能用覺察／意識去連結上急促能量，也已經能常態性地把急促能量帶回肚臍下的老家休息後，我們就可以嘗試第四種技巧。我們已建立起能量與意識間的連結，能夠藉由這連結不費吹灰之力地把急促能量往下帶。我們可能會發現之前學過的技巧的確都很管用，但當我們不得不起身處理事情時，急促的能量就會立刻跳回原處並重新啟動。畢竟我們做不到一邊屏息一邊正常地說話或與人互動，是吧！此時，這第四種技法就可以派上用場，它可以幫我們把前三種操作連結到日常生活中，讓我們可以一邊跟人正常對話、走來走去、工作和好好過生活，一邊繼續享有各種技法的部分好處。

第一步是在心理上連結到身體裡的能量然後呼出空氣。接著在吸入空氣時想像把呼吸、能量與意識一起帶到肚臍以下。等你稍微開始動用起肌肉後，把大約一成的能量與呼吸留置在肚臍下的「寶瓶」裡，以提醒肉身別忘了你在做什麼，接著你就可以在身體上半部進行正常的呼吸，並保持胸腔與肩膀的鬆弛。一切都以自然、正常為目標。這種操練之微妙，在於沒有旁人會知道你正在使出這一招。

一開始，我們會持續被生活中的種種人事物吸走注意力，和這項精微的練習失去連線。不論何時斷線，我們都只需要用一次呼吸重新連上線。總之就是再接再厲，不要放棄。慢慢地我們就會養成新的習性，然後事情就會漸入佳境。我們將可以時常保持在接地的狀態，並注意到許多原本帶給我們壓力的情境變得可以迎刃而解。像是遇到馬拉松式的冗長會議時，這種能力真的很好用！

丹尼爾・高曼：原理

我跟內人偕同措尼仁波切坐在計程車上，朝向德里火車站駛去。彼時是二〇〇〇年三月，我們已訂好票要搭火車前往有小拉薩之稱的達蘭薩拉，我要在那兒主持一場會議，連同達賴喇嘛暨幾位心理學家共同討論「毀滅性情緒」這個主題。

我們把時間抓得很充裕，但擁擠的交通不斷啃食著我們的緩衝額度。老實說，我內在愈來愈緊繃，愈來愈擔心會趕不上火車——毀滅性的情緒已然主宰了我的心情。

我的焦慮爆發於計程車停在一個大十字路口等紅燈時，因為此時的馬路與其說是馬路，更像是爆滿的停車場（而且車陣中還間或穿插著牛車、腳踏黃包車，還有牛）。紅燈讓我們延遲了感覺像是一輩子那麼長的幾分鐘。

放鬆二字是金言玉語，但這個處境下的我什麼都聽不進去。我沒辦法放鬆，反倒愈來愈緊繃。我的頭開始陷入顏色、聲音、氣味的龍捲風，一整個暈到不行。雖然我們所在的車道已經動彈不得，周邊的用路人還是非得用刺耳的喇叭聲來表達他們內心的不耐，而且愈按愈來勁。我感到內心對於塞車的焦躁不斷攀升，因為車陣已經成為沒有規律又毫無道理的一團麻花，怎麼看都是永遠解不開的死結。

「搞什麼！」我對仁波切說。「這也太塞了吧。我們說不定會搭不上火車。」

仁波切用柔和而平靜的語氣說：「你感覺得到急促的能量嗎？你能找到它在哪裡嗎？」

我於是閉上眼睛掃描起身體，並注意到腹中有種微顫跟慢慢愈加緊繃的感覺。我點了點頭。

仁波切接著說：「找到它，感覺它。它是它，你是你。它不等於你的心智，也不等於你的肉身，它只是你體內的一股能量。」

仁波切又說：「第一步只需單純地去感覺到你在著急——急促在你體內是什麼感覺。第二步是認知到你正在與覺知的世界連線，把體內能量的急促感定位出來。再來就是吸進空氣，在不感到不舒服的前提下，將氣息屏在你的肚臍以下，然後慢慢呼出空氣，只保留約一成的空氣在體內。」

在他的提點之下，我深吸了一口氣，並緩緩地讓氣體呼出。

仁波切引領我進行了好幾次這樣的呼吸。結果簡直像是奇蹟一般，我的緊張獲得了舒緩。燈號此時變了色，車流恢復了移動，我也開始感覺較放鬆。

在那個當下，仁波切引導我使用的是身體掃描跟柔性的寶瓶呼吸法。如我們前面所講，柔性的寶瓶呼吸法只是好幾種調息之道的其中一種，其作用都是讓我們緊張的能量能平靜下來。

這些控制呼吸的手法在印度有悠久的歷史，並在九到十一世紀從印度偕佛教一起傳到了西藏。好幾種這類呼吸控制法被保存了下來，並在藏傳佛教的不同角落傳授至今。

控制呼吸的用途是：讓心靈平靜下來，完成冥想前的準備。科學對此也所見略同。

經年累月，完善的研究已然彰顯了這些呼吸法的力量。近幾十年來，科學家已經注意到了這類呼吸控制法，他們意會到只要善加使用，這些呼吸法就可以對我們的心理狀態產生強大的影響。簡而言之，管理好呼吸有助於我們管理自己的心。

大腦情緒迴路的關鍵部分由杏仁核觸發，因為杏仁核是我們感知威脅的神經雷達。在今日充滿壓力的現代生活中，我們的杏仁核時不時都會運作起來，而常常抓住我們注意力的急促也使得壓力不降反增。

這樣的發展，會把我們甩進交感神經系統的活動中，讓我們的身體做好迎戰意外的準備：我們的心率會往上升，血壓也是；我們的支氣管通道會擴張，同時我們的呼吸會變快，消化作用會暫停，血液會從各個器官湧進手臂跟雙腿（方便我們與敵一戰或轉身遁逃），身上會冒汗。

這些緊急反應是由腎上腺素與皮質醇等賀爾蒙觸發，另外這些賀爾蒙也會動員各個身體系統來因應緊急狀態。在這年頭，這些生物反應實在太常被各種狀況啟動了（開這麼慢是會不會開車啊？開這麼快是趕著去投胎喔？現在小孩真的是難搞！怎麼會有這種老闆？）。

一旦壓力賀爾蒙在我們體內湧動，就會順水推舟地把我們推向更進一步的壓力反應。而且如前面討論過的，現代人的大腦習慣看到黑影就開槍，對僅僅是象徵性的威脅起反應（比方感覺到有人待我們不公平時），但這些威脅反應原是被設計來面對危及生命的緊急事件。當然，沒有人喜歡受到不公平的對待，但不公平沒必要引發我們當下或戰或逃的反應。即使如此，那種用來因應生命威脅的生理機制，卻會在我們受到不公對待等心理威脅時奪得主導權。

我們可能在一天之內多次歷經這種或戰或逃的壓力反應，而且往往沒有時間去劃下句點。這種長時間看不到終點的戰/逃反應，長期下來會讓人在生理上不堪負荷，引發包括發炎現象持續、免疫系統防護力下降，以及無法抵禦會因為壓力而惡化的疾病等我們必須付出的代價。[3]

在緊急狀態下，我們的注意力會轉移到主觀認定的威脅——就算手邊有更重要的事情要完成，還是忍不住對讓我們不爽的事情念茲在茲。這種反應是如此之強，我們甚至會發現自己在凌晨兩點醒來，滿腦子都還是那個威脅，以及自己該如何處理它的念頭。如我們在第二章所提，這種焦慮可說是無用至極。有些人會傷心難過，會怒從中來，也有些人會驚慌失措。這種反應有多種面貌，但沒有一種對我們有絲毫好處。

相較之下，「副交感神經系統」的反應則截然不同，這是一種身體在休憩並從壓力中恢復的生理狀態。我們的心率與血壓會減退，呼吸會放緩，其他在緊急反應中飆高的生物跡象也會回降。我們的消化系統會回歸正常運作。處於這種生物狀態的人體得以獲得休息、充電與放鬆。我們得以好好地進食、親熱、酣眠。

人體的緊急反應有開始——也就是我們被激發之際——有中段的高峰，還有一個結尾；前提是我們有機會冷靜下來。仁波切提供的控制呼吸法就為我們做到了這一點：它為陷入僵局的我們打破了壓力的循環。

冥想作為減壓的工具

我占的一個便宜是當我從待了十五個月的印度回到哈佛時，也帶回了形似這些呼吸控制法的瑜伽心法，主要是因為我趁著在印度時結識了許許多多深諳各種亞洲心靈修練方法、心如止水的修行之人。在親炙這些深具修為的瑜伽中人、藏傳喇嘛與其他師尊的教誨之後，我深信他們肚子裡俱是真材實料，他們是真的掌握了某種得以梳理整治內心的方法，然而當代心理學卻對其一無所知。

時值一九七〇年代初期，我在哈佛就讀的臨床心理研究所仍是以主流的心理分析切入人類心智，所上師資也不是很能用開放的態度去接受其他的看法。我所師承的教授們關在自己的象牙塔中，毫不考慮人類意識可能有其他的解讀，尤其不相信東方那一套。當時我的研究所同學理查・戴維森曾提出要以東方的心靈訓練法為題撰寫博士論文，卻被直白告知別做這種「學術自殺」的傻事，一切不言而喻。[4]

我的博士論文其實也想做類似的研究，但為此我得先在哈佛找到一個願意評估我的作品、為我背書的委員會——但我身邊大部分的教授都對此意興闌珊。所幸我在師長中僅有的盟友大衛・麥克利蘭（David McClelland）像變魔術般地找到了哈佛醫學院的一名內科醫師，對方願意列席我的論文委員會，即心臟病專家赫伯・班森（Herbert Benson）。

班森醫師曾初步研究發現冥想似乎可以降低血壓，而這對心臟科醫師而言是很大的賣點。班森醫師日後繼續探索他的這項發現，並將之寫成一本名為《哈佛權威教你放鬆自療》（*The Relaxation Response*）的暢銷著述。[5] 書中提到的「放鬆反應」是比較通俗的說法，其實就是指「喚醒副交感神經系統」（小心別咬到舌頭）。

對於這種現在已經屬於常識，但當年仍是門新知的學問，班森醫師的形容是：在放鬆反應裡，身體會移動到一種深度放鬆的狀態中，讓人在生物學層面上從或戰或逃的緊急激發模式回歸到休整模式。

在班森醫師的眼裡，能夠觸發放鬆反應的東方修心之術是一種非醫學性的介入措施，苦於高血壓、氣喘等各式壓力型病症的廣大病患可從中獲益。他的關注一直聚焦在冥想這類修心之法上，最終更將這類心法從原本的靈性脈絡中提取出來，提供給每個不同宗教信仰（或沒有宗教信仰）的人。

東方傳統中的這類修心之法往往伴隨著呼吸控制的技巧，只不過班森醫師並沒有深究這一塊。科學家直到最近才開始研究在我們修心並控制自身呼吸——主要是使其慢下來——的同時，腦部跟身體會產生哪些變化。壓力與焦慮，無疑會加快我們的呼吸頻率。

整體而言，關於放緩之呼吸會如何影響我們腦部、心靈與身體的研究顯示出，這三者會隨著呼吸變慢而轉移到副交感神經的運作模式中。對一兩千年前的瑜伽修行者而言，這結果大概沒什麼好意外的（只要你能向他們解釋清楚什麼是交感跟副交感神經）——這種模式的移轉，正是自古以來的修行者在眾多修心法中納入呼吸控制的一項原因。

控制呼吸有許多種途徑，當中包括：放慢呼吸、吸氣時吸得更深、改變吸氣和吐氣之間的時長比率。

你或許會一邊讀著這些文字，一邊嘗試著這些呼吸法——要是沒有，那我建議你可以馬上這麼做。實驗看看控制自己的呼吸可以如何改變你的身心狀態，畢竟我們才剛學到了四種方法，而這四種方法都是利用自然呼吸的變化去處理我們急促的能量。

梵語中稱為 pranayama（prana 意謂生命能量，yama 有控制之意）的古老調息術可謂循不同的途徑參考了這些呼吸控制法。現代的呼吸控制研究則將這些呼吸法抽離了其原本的靈修脈絡、帶進實驗室中，調查這類對呼吸的操控，能在促進安適、健康、放鬆與對抗壓力等方面帶給人哪些實質的好處。為了遂行這種科學調查，學者不得不先抽絲剝繭，將純粹的呼吸控制從傳統上與之有著千絲萬縷關係的修心、哈達瑜伽等操持中抽取出來。

一項針對呼吸控制之科學發現所進行的文獻回顧，極其嚴謹地檢視了一個問題：將呼吸頻率降至每分鐘十次或以下，會有什麼好處——一般人呼吸的頻率落在每分鐘十二到十六次之間。[6]此一文獻回顧排除了不涉及呼吸控制的調息法研究，例如正念呼吸法就只是讓人去意識到呼吸，而未嘗試去改變呼吸。同樣被排除掉的還有由受試者回報其感受的研究；科學家認為這類由受試者自我回報的數據會受到預期心理的偏誤影響，不具備可與客觀測量數據（如腦波觀察）等量齊觀的可信度。

一項稱作心率變異的體適能指標，指的是每次心跳間的時間差，而若放緩呼吸到每分鐘六次，會對心率變異產生顯著的影響。我們的心率取決於眾多生物性力量的交互作用，其中兩項主要因子，一個是會加快心率的戰／逃模式；另一個則是會減緩心率的放鬆模式。在現代生活的忙亂步調中，人們普遍心率較快，也就是說兩次心跳的間隔普遍偏小。

聽來或許有點反直覺，但心跳間隔忽長忽短表示人在生物層面上更具備因應需求改變的能力。心跳間隔的長短差別來自於神經系統中交感與副交感兩大分支間的拉鋸。如果在我們休息的時候心跳間距幾乎沒有變化，通常表示神經系統的其中一個分支（通常是負責戰／逃模式的交感分支）取得了上風，結果就是我們會長時間感到壓力。因此進行文獻回顧的科學家主張心率間隔有所變異代表著健康的放鬆模式，放鬆模式或許形同生物性推手，似在促進和緩呼吸能帶來的正向改變。一項針對和緩呼吸進行的研究認為這種心率變異性的增加可以帶我們通往神經與生物功能最適化——也就是一種「警覺但放鬆」的狀態。[7]

總結所有相關研究，我們發現放慢呼吸除了能使心率變異更健康，人們亦紛紛回饋在從事舒緩呼吸後，感到快適、舒服、放鬆，並兼有一種正向的能量跟愉悅的整體感受。這些效應會出現在人把呼吸放緩到每分鐘十次的時候，降到六次的效果則更佳——但不論是每分鐘十次還是六次，在健康效益上都勝過正常的呼吸頻率。

同時，放緩的呼吸似乎還會讓腦部功能大變身。腦電圖研究發現緩和的呼吸會伴隨腦波中同步α波的增加，而同步α波的出現代表大腦進入了休息的狀態，就像汽車在怠速。這種大腦的換檔已經證實具有種種好處，包括焦慮、憤怒跟困惑感會下降，充滿活力的感受則會上升。

除此之外，雖然研究數量還遠遠不足以讓我們把話說死，但緩和的呼吸似乎能推動我們的腦部、心血管與呼吸系統進入「放鬆反應」，也就是進入一種關於恢復、修護、放鬆但警覺的模式中。我在印度期間從冥想大師身上感受到的，正是這種感覺——同時，這也讓我想起措尼仁波切在德里的紅燈前給我上的一課。

第四章

美麗的怪物

措尼仁波切：實作

在尼泊爾度過的童年跟十三歲以後在印度度過的少年時期，我都有幸接受藏傳佛教喇嘛們的教育，以充分滋養內在的方式成長。那些日子的物質生活條件可說是簞食瓢飲，但周遭的人們卻讓我感到極為富足。我身邊圍繞著溫暖、親切、睿智，且在許多方面都讓我景仰不已的恩師。如今面對心靈、生活與工作的種種課題時，他們傳授給我的一樣樣無形工具都惠我良多。

惟隨著人生步入青少年階段，我開始觀察並感覺到各類嶄新的情緒模式與內在掙扎。我正在學習的課程內容十分緊湊，加上起步較晚，我不得不加緊惡補進度。我研讀起一本講述善惡思想與其嚴峻後果的典籍，該文本主張我們應該細究內心冒出的每一個想法。我認真地去檢視一個又一個想法，進而感到驚恐萬分且深受其擾。我看見許許多多的負面想法，而它們全非我所能控制！自我批判和苦惱的情緒紛沓而來，充斥我的內心。我強烈地意識到所有批判和苦惱的存在，並益發為那些不斷累積的負面業力而駭然。我痛斥自己打從一開始就不該出現負面想法，並深覺得自己困在了一個負面反饋的迴圈裡。我開始失去內心平衡，並有點神經質起來。那是種非常不舒服的狀態，而我持續好幾個月都深陷其中。

所幸在學年度結束後，我得以回到家人身邊團聚，並在父親的指點下走出了那個狀態。這段經驗讓我學到好幾個寶貴的教訓。我學到了正念也可能走岔路！正念讓我意識到每一道思緒，但我並不知道該拿這些思緒怎麼辦才好。光是用正念去注意到這些想法是不夠的。不是不好，只是不夠。正念是種強大的工具，但它需要跟其他特質互補來達到平衡，如此它才能成為一條實際可行的路徑。我已知正念需要的互補特質包括慈愛、耐心、洞見與正直；少了這些，正念是一種中性的覺察能力，想被拿來做什麼都行——你想變成更厲害的騙徒、或變得更會利用人、更會傷害人，都不成問題。在我們內心，用正念去體察思緒與情緒只是正確的第一步，但要是不添加些技巧、真知灼見與客觀看待的角度，則沒人能保證我們能得心應手地讓這些體察發揮作用。

隨著我慢慢脫離青少年的身分，長成一個青年，我面對的挑戰是各種巨大的壓力跟期許。身為藏傳佛教的喇嘛，我們被要求達到的是極難企及的高標準。如果把這些標準內化，就像我們多數人選擇的那樣，那你就算被嚇到緊繃成一團也不足為奇。我們的行止不能絲毫有失，就像許多喇嘛前輩的生平故事裡那種被理想化的英雄；而那些前輩往往是真正遠離塵世的出家人，且活在尚未現代化的年代。外界一面期待我們不能有個人需求，一面又要求我們肩負起艱鉅的責任，但剛完成修業的喇嘛也不過就是個二十歲上下的年輕人。這些期待不僅複雜，偶爾還會自相矛盾。比方說，我們必須在所屬的寺院或尼姑庵裡擔任一名堪當大任的經理人或募款者，同時又不能過於「入世」。我只得一面消化壓力，一面設法扮演好所有的角色——不能有負於任何一項職責，但為了不辜負我們一脈相承、淵遠流長的教誨，我又得設法在人前展現一派渾然天成、閒適自在的氣度。

隨著年輕的我開始雲遊授課，我發現我遇到的人都各有其不同於西藏人所習慣的文化與教育背景。我意會到要當個稱職的冥想老師，要真正讓與我不同文化出身的人受益，我就必須掌握他們各自獨特的情緒與心理模式。我向外查訪可討教的對象，特別是那些實際執業的西方臨床心理師和心理治療師。我想明白他們是如何理解、又是如何因應病人的情緒與心理模式。

在我請益的人之中，特別值得一提的是我的一位心理治療師老朋友。我們花了好幾個小時探討心理基模——也就是情緒模式——的許多面向，包括它們如何形成，又如何能夠癒合。我就一些特定信念挑戰了他，而他也反過來挑戰了我。那些對話讓我意會到，當代心理治療的某些見解可以補足我們傳統佛教對於情緒模式、傷害與療癒的理解。比方說，我會把傳統上看待情緒與處理情緒的特定方式描述一遍，而他在認可這些傳統觀點與技巧之餘，另一方面也就現代人感受到的敏感與受傷表達疑慮。他試著說服我受傷可能會是一項嚴峻的挑戰，需要特別地呵護才能加以治癒。一開始我還半信半疑，但慢慢地好像愈來愈能理解他的觀點。我確實開始在學生身上觀察到有些情緒障礙在妨礙他們的心靈修練。

傳統說法是業力的種子與暫時的狀態會聯手建構出我們的經驗，無論是好是壞。業力的種子是因身、語、意的造作而留存在我們意識中的印痕，會在機緣成熟時顯現為果報，成為我們各式各樣的生活經驗。到這裡都還兩相吻合，但治療師接著描述到童年以來的人際關係與情緒發展在其中提供了大量的細節與微妙處。我於是開始意會到許多人的情緒模式切斷了他們與自身感覺世界的連繫，而另外一些人固然與其感覺世界較有連繫，但他們所感受到的頂多也只是一種緊張的關係。心靈動輒就會想對感覺世界進行批判或控制。基模、模式、人際關係的傷痕、創傷——這些心理治療裡的概念都協助提升了我對我們情緒世界的認識，同時也幫助我將傳統冥想技術調校到更適合現代人的需求。

當我在青少年時代受負面想法所困的時候，問題不光出在那些想法上；事情的癥結來自於感覺世界裡一個更深層的問題。在當時，我主要是將之當成一個心智問題在處理，而沒有去碰觸底下的情緒。我當時並不怎麼了解人的感覺世界，也不清楚其運作方式——無數念頭其實都扎根於感覺世界裡。來自我父親祖古烏金仁波切的指導、慈愛與照顧，幫助我走出了那段青少年期的困境。而在後來與心理治療師朋友的對話中，我意識到當我們許多人在思想上遭遇了重大問題，那些問題的根源其實存在於感覺世界裡，而我們並沒有好好地照顧到那個世界。我更學習了一整套「語言」，以便於討論我們經驗中這塊思想與感情碰在一起的區域。

話說到這兒，我們終於可以開始討論本章的主題，同時也開始面對現實。每個人都有自己的問題——世間每個正常人都會為某件事所苦。我倒是遇過一些人聲稱他們沒有任何情緒上過不了的坎，但我只感覺他們麻木不仁。沒有誰可以一路走來身上沒幾塊青紫、沒幾處擦傷。

在這些我們逃不掉的問題中，有些可以被稱為「傷痕累累的愛」——我們沒有得到自覺需要的愛與尊重。也許我們得到了愛，但那是有條件的、表現良好才有的關愛。也許我們甚至開始相信自己不值得被愛。這種經驗影響著我們。它們左右著我們的人際關係，還有我們跟自己的關係。它們會導致我們產生抗拒與反動的模式，而不論是抗拒或反動，我們都會因此難以在溫暖的內心安居，沒辦法用健康的方式好好面對自己、面對他人。此外當然還有其他的問題——各式各樣的焦慮、憂鬱、神經質的思想與評斷。

赤裸的感覺與情緒可以是鋪天蓋地、令人畏懼且威力強大的存在；我們會擔心自己可能失控。於是我們往往選擇壓抑、躲藏、逃避。在某種程度上，這是一種合理、務實且能發揮某種功能的策略：畢竟不可能有工作會議能宣布休息二十分鐘，好讓大家可以閉上眼睛感覺自己內心的脆弱，默默地垂淚。透過壓抑或忽視這兩種策略，我們確實可以安然度過危機，惟這只是治標不治本的緩兵之計。把跨不過去的情感擱置一旁，我們的心靈確實就能去進行計畫跟成就各式各樣的任務。我們會盼望著那些棘手的情感隨著時間慢慢散去，即使縈繞不去，我們也可以自欺欺人地想著之後再找時間處理。但等到真的有時間放鬆時，我們可不會有興趣去處理那些問題，於是就生出千萬種辦法來轉移或麻痺自己的注意力。

我們面對問題或許可以眼不見為淨，但那不代表我們就能不受問題影響。各種處境與人際關係會不斷地重啟這些問題，我們只得持續投注心力去「維穩」或逃離。但不去面對我們內心的結，將使我們的心靈與感覺世界之間存在一種不健康的關係。許多人因此慢慢變得麻木不仁。還有些人的心靈會化身為批評不斷的控制狂上司，而其感覺世界就像是負傷、憤怒、失控的青少年。

長此以往，會導致一個令人哀傷的結果：我們原本與生俱來的權利，也就是感情層面上那種天然的安適、那種不需要理由的平靜，將被層層烏雲遮蔽得不見蹤影。我們將再也感受不到那道尊嚴的火花——那種我稱之為「本質愛」的東西——而只能感覺到一股空虛。當感覺世界底下是一個空洞，會讓我們不由自主地想要找東西去填補。我們所做的種種努力，從靈性修練到日常的自我照顧，以及對人際關係付出的努力，都會被這股想要填補空洞的私心所玷汙。

真實與扭曲的相對經驗

我們平常所經歷感受的一切都是相對的真相，包括我們經驗中不斷改寫的含意、我們所有的概念、感知與情緒模式——我們所有的痛苦與歡愉，喜悅與掙扎，傷口與癒合。稱之為相對，是因為其成立與否永遠取決於各種條件的交互作用，而我們可以用各種方式將其拆解、分析、解讀。

比方說，「你傷了我的心」這句話在表面上是可以成立的。我們經常這麼說，且多數人說這話都是差不多的意思，所以它的功能性無庸置疑。但如果更深入去看，事情就會變得比較複雜。事實上，我的心要受到傷害，需要很多成因跟條件的相互配合。這包括我可能得覺得你是故意的，我可能得因為過去的特定生活經驗而在意這種傷害；我們雙方之間可能存在一種會讓我有所期望的關係；我可能誤會了你說的某句話或做的某件事；我的反應方式可能亦是讓自己感覺受傷的一大成因，而以上只是一部分的可能性而已。所以說雖然「心受到傷害」是事實，但不假思索就斬釘截鐵地說「你傷了我的心」，這話則只能在表層的意義上成立。

相對的真相有兩個層面：一種是具有功能且確切可靠的相對真實；另一種則是遭到扭曲而包含假象的相對認知。這是一項很重要的區分。我們在此的焦點是如何將扭曲者治癒為健全。每個人都有不一樣的「程式」在跑，有些健康有些則否。比方許多人都擺脫不了一種自認不具價值的心理程式，這就是一種扭曲的程式；沒有人是從骨子裡就沒有價值的。但這種心理程式卻可以在各種人際關係中被種種的處境觸發，進而讓我們產生不健康的感受與想法。可以被治癒成健全的相對真相的，就是這一類。

傳統上我們會談到的習慣模式有兩種，一種是先天業力，一種是後天習得。業力模式是深深刻印在我們意識中的印痕，是一種幫我們鞏固自我意識的核心傾向，使人能夠感受情緒，如激情、攻擊性、嫉妒與驕傲。在我們的論述中，這些業力的種子或印痕會從這一世遞嬗到下世。不論你相信也好不相信也罷，最好要明白這類模式是頑強且不涉及意識的。

後天習得的習慣模式則是自我們今生的童年開始累積而出。這些模式來自於我們形成期的社會與情緒體驗中，來自於我們與親戚、朋友、老師的關係中，來自於家庭和學校。這些社會與情緒體驗會使我們內化出對自己與他人的信念，也會使我們產生各種行為模式，包括針對特定情境與情緒出現抗拒或其他反應。這些內化的信念處理起來相當棘手，因為這些出自潛意識的心態是很執拗的，例如：「發脾氣是很丟臉的事」、「我小時候擺臭臉是會被罵的」、「我受的教育就是男兒有淚不輕彈」、「我從小被教導只有弱者才會多愁善感」。

美麗的怪物

每個人都或多或少有些問題，這些需要克服的情緒模式會讓我們的生活與人際關係變得辛苦許多。可能是認為自己沒有價值，或是某種特定的恐懼，或者自命清高，或見不得人好，或心裡悶燒著一股不理性的怒火；各種可能所在多有。我們常會因為自身的這些問題而感到羞愧或煩躁。面對這些問題的我們會抗拒，會做出反應，有時會感到厭惡。往往我們只會單純地盼著它們能自行消失，而我為它們取了一個名字：美麗的怪物。

美麗的怪物是或多或少遭到扭曲的反應模式。比如從小感覺遭到低估或得不到應有的肯定，長大後就可能會對正常的批評或責怪反應過度。這種反應過度就歸類於我所謂美麗的怪物。

這名字中的「美麗」跟「怪物」兩部分都不容忽視。如果拿掉美麗而只當這些問題是怪物，那我們就會強化自身對於這些問題的反感與憎恨，但其實這些問題也是我們心靈的一環。反之，若我們不稱它們是怪物而只說美麗，則是拒絕承認它們所內含的破壞力跟它們所能造成的苦難。這些問題既有怪物的身分，也有美麗的成分，這是我們必須要有的重要認知。

美麗的怪物之所以美，可從兩件事來說。首先它們美在其本質。一種被冠上怪物之名的情緒不論看上去何等猙獰，其深處潛藏的本質都完全是另一回事。就像被投影在銀幕上的全彩立體影像有著光的本質，我們美麗的怪物也一樣是以開放、澄澈與能量為原料，因此就算是怪物也有其美麗之處。再者是美麗的怪物乍看醜惡，但一朝獲得治癒，它們就會展現出內在的美麗。

每當我們療癒一道傷口，不僅能從中了解其在我們體內的運作，更能理解有著同樣傷口的所有其他人。許多偉大的人物都是先療癒了自己的傷口，才蛻變為智者而得以助人無數。如果你內心有十頭怪獸，另一個人有兩頭，而你們都將自己內心的怪獸給治癒了，請問誰會出落成一個更強大的人？當然是有十頭怪獸的你啊！成長後的你會更懂得如何幫助人，也有能力幫助人。只不過多數人始終與療癒無緣，他們只能終其一生為內心的美麗怪物所苦。

美麗的怪物之所以會成形，有各種不同的成因：有時候我們因不知所措的人際關係而發展出習慣；有時候因環境而激發出某種傾向；還有些時候是反覆的壓力令我們萌生出某些反應習慣。有些一度能幫助到我們的做法，像是讓自己躲進安全的環境裡，亦會在其失去彈性且成為慣性時，化身成一頭美麗的怪物。除此之外，我們會在危險解除後繼續厭惡特定的人事物。

我常被問到一個問題：所有的感覺與情緒都是美麗的怪物嗎？我會說答案是否定的。正常的憤怒，在健康而真實的相對真相裡也占有一席之地——這世上有健康的憤怒、健康的恐懼，也有健康的依賴。這些都不算是美麗的怪物。美麗的怪物會形成，是因為在我們的心靈與感情裡出現了某種不健康的扭曲，進而導致我們對扭曲版本的相對真相信以為真。一旦我們擺脫不了這些美麗的怪物，它們就會變成我們的濾鏡，改變我們看到的世界跟自己。惟若我們能治癒這些怪物，我們就能擁有正常、健康的情緒與經驗。一個健全的人類原本就應當具備完整的情緒光譜。

你可以想像美麗的怪物是固態的冰，它們的本質是水，所以我們想處理它並不需要毀了它，只需要融化它，使之還原到自然的流動狀態。我們都知道冰這玩意兒既美麗又駭人。它可以像把利刃，可以有著鋸齒，可以破壞力十足。冰可以凍得硬到不行，但其本質仍與水無異。美麗的怪物也是相同的道理。它們就是反應與抗拒行為被「冰凍」起來的模樣。我們尋尋覓覓著水，但找到的卻是冰。接著我們忘記了冰到底是什麼，開始想要擺脫冰、逃離冰，希望能在別處找到水，找到平靜與流動。所以真正的問題是如何融冰？答案是我們的善意可以朝美麗的怪物散發溫暖，在不妄加批判的過程中，冰就會慢慢開始融化。

方法

請注意：如果你有創傷的歷史，這些放棄抵抗練習的強度有可能超出你的負荷。請以常理判斷你的極限在哪裡。嘗試這種練習的時候要把每次的時間抓得很短，並準備好「基地營」，也就是在一次次直接感受自身感情之中可以返回的安全港。這種握手練習是為了療癒，而非複習創傷。事前請先與心理衛生專家進行諮詢，確認這麼做於你利大於弊。

握手：與我們內心的美麗怪物合作

我們要如何才能用友善而非畏懼的態度去面對我們的美麗怪物呢？根據某些傳統的冥想技巧與我個人對於心理受傷與療癒的理解，我發展出我稱之為「握手」的練習。這不是一個我們普通認知中的「方法」；它更像是一種態度、一種存在的方式。握手的雙方分別是我們的意識與我們的感覺。握手這種意象是在隱喻我們該採取的姿態，還有我們要跟自身的美麗怪物建立怎樣的關係。在過去很長的時間裡，我們的腦袋一直在推開或壓制我們的感覺與情緒。而如今我們只是單純地伸出手，不再逃跑，不再對抗，只是設法從陌生到熟悉。握手練習本質上就是要你去徹底意識到你體內到底有什麼東西，特別是到底有什麼感覺。如果這些東西或感覺有故事想講，我們就乖乖地聽。我覺得這個握手練習對我們所處的現代格外重要，並有著可以深深治癒我們的潛力。

要讓這種治癒產生最大的效果，前提是我們的意識得觸碰到我們的感覺。想讓療癒發生，我們必須赤裸裸而直接地感受自身的情緒之後，傷口與抗拒的模式才能開始從裡而外敞開。否則即便試遍了各種療癒技巧，我們都不見得能真正把自己撬開。要真正改變自己，我們就必須跟自己的情緒做朋友。

了解握手技法背後的理論，會對我們有所幫助，我們會因此明白：何以真正的改變必須從處理好扭曲的觀念與態度做起。若未處理好這些態度與觀念，我們的努力就只是治標不治本，在短暫的釋然後，我們還是會繼續運行在相同的假設與信條之下（譬如：我這個人沒有價值；生氣是丟臉的事；恐懼會控制住我，讓我崩潰）。但光是進行相關的閱讀或思索並無助於改變什麼。我們需要的是與自身的美麗怪物面對面，而面對它們意謂著去感受它們。真正的改變多發生在感情的層面上。只要能學會不帶抗拒與反動去體驗我們的美麗怪物，我們就能真正與它們當朋友。這代表你要對美麗怪物拿出非常溫暖敦厚的態度——而敦厚可以從不去批判做起。

握手意謂著全心全意與感覺共處一室。這種方法說起來簡單，做起來卻會碰上各種難關。首先，我們常常會有一種心態，認為怪物就是怪物，一心只想矯正它們，或剷除它們。一旦心中隱隱帶著這種想法，握手這一套就走不通了。握手不是要你去修正什麼，握手是要你去出席，去交流。

試試看 坐幾分鐘，把自己安頓到一個平靜、適合沉思的內在空間。思考一下你的心靈與你的情緒世界之間的關係。你覺得怎麼樣？那是一種溫暖、開放的關係嗎？還是緊繃而相互批判？大體上你的感覺世界看上去是麻木不仁，抑或坦率而活潑？不論有什麼感受，都請你與之共處片刻，並好好放鬆一下。

然後想像你內心懼怕的事物成為了你的朋友——不論那是你受到的批評、你內心的懷疑，還是你的傲慢。想像一下你不再害怕自己的感覺與情緒。

與我們的感覺共處之所以困難，另外一個理由是我們會對自己赤裸裸的感覺與情緒有些畏懼。這是正常的，同時也是何以我們需要一點勇氣來跟自己的感覺握手。我們必須願意去感受自己的痛苦、願意去承受一些打擊。你可以想像那幅畫面，就像一個慈愛的大人想去握住一個小孩子的手。正在鬧彆扭的孩子又是尖叫、又是拳打腳踢，而每當我們想輕輕把手放到他們身上時，他們都會把我們的手推開。惟我們明白這孩子只是心情不好，但他本質上還是美的，還是可愛的，其扭曲的狀態並不能改變這一點。我們要不斷地把手伸過去，即便不停地被他打回來也一樣。最終孩子必會冷靜下來接受充滿坦誠相待之愛的碰觸。想與我們的美麗怪物握手，過程也大抵如此。在看不到的表面之下，美麗的怪物也想交朋友，也想獲得自由。

試試看 試想有個孩子在鬧脾氣，試想你深愛這孩子，即使一時被拒絕和反擊還是想繼續照顧他。然後再想像把同樣的態度用在你自己身上，用在你內心的美麗怪物身上。

妨礙握手的四大障礙

在握手過程中阻撓我們的共有四項障礙物，分別是：壓抑、忽視、縱容與對症下藥。這是四種強大的心理習慣，大致上也是我們最常用來與自身感情跟情緒相處的方式。但我們必須認知到這四大障礙和握手完全是兩碼子事。

我們大多數人都很善於壓抑。當不舒服的感覺或情緒在不方便的節骨眼上跳出來，我們就會硬將之壓回去或塞到地毯下。這麼做可能在短時間內有效，但壓抑只會消耗我們的能量，感覺或情緒仍會找漏洞迸發出來。比方說，若我們內心有美麗的怪物或自我懷疑、無價值感，當這些情緒冒出來時，我們不給它們空間，不聽它們說話，而是反射性地批判它們等同於痛苦，將其拒於千里之外，將它們逼回潛意識裡，這就是所謂的壓抑。

忽視也是另外一種我們駕輕就熟的心理策略。這是一種單純的逃避，也就是自我分心。至於我們能跑到哪裡去呢？我們有所謂正面的分心之道，比方說進行一些精神性的活動，從事某種思考訓練，或是索性去看部電影。問題在於長期而言，忽視或逃避現實無助於我們治癒美麗的怪物。無視它們久了，我們可能會想當然耳地以為它們自動消失了，但它們哪兒也不會去。忽視自身的價值感不足而用追劇來放縱自己，並無法讓我們消化情緒、因應情緒；忽視現實只是拿ＯＫ繃往有問題處貼，問題重現是遲早的事。

縱容又是另一個我們慣用的反應方式。握手代表我們不會嘗試去抗拒或矯正美麗的怪物，所以感覺跟縱容這些怪物有點像，但是兩邊差很多。握手是要去認識怪物，與怪物相處，而縱容則是相信怪物的說詞，讓自己被怪物牽著鼻子走，對怪物言聽計從。縱情於自我懷疑的感覺中，等於讓自己陷入缺乏安全感的心境，也等於任由自我懷疑這位老朋友主導我們的心靈。

最後，我們還有對症下藥，也就是用上某些方法、評論或自圓其說去設法解決問題。這乍聽之下是好事一樁：我們遇上問題或壞習慣，於是嘗試去解決問題，就像我們車子或摩托車壞了會去修一樣天經地義。對症下藥就像對某種劇毒施以解藥般，用特定的情緒或思緒去中和掉無價值感。而握手卻代表你要直接去感受自己的情緒，不去嘗試讓情緒遠離我們。對症下藥的另外一個例子是告訴你自己一切都沒事，但其實你感覺得到有事。握手就是要你去感覺那件事，然後跟那件事交朋友。對症下藥包含各式各樣從心理與精神面去解決問題的手法，但握手並非其中一種。握手根本不是要你去解決問題；握手只是要你懷抱開放的態度在那兒待著，去跟我們美麗的怪物們建立友誼。

對症下藥是握手的「近敵」，因為這兩者真的很容易搞混。相對之下「遠敵」

則是一眼就能看穿的敵人。近敵之所以狡猾，在於它會偽裝成朋友，而且距離近到我們往往看不見它或看不出它是個敵人。對症下藥就是這麼回事。假設我們試了許多辦法去治療我們的自我懷疑但都效果不彰，然後我們聽說有握手這回事，這時我們可能會想說，喔，這聽起來不錯，這是個微妙又溫和的技巧。我可以去跟我美麗的怪物們握手，然後它們就會消失得無影無蹤！出現這種心態，就代表我們掉進了對症下藥的陷阱裡，我們想與美麗怪物握手的本意就會在無形中遭到破壞。

一旦我們認識了、感知到了自己的感覺，就單純與它們相處。一開始什麼都別說，人在就好。等我們能順利與它們共處一室了，某種質變就會發生，我們的感覺與美麗怪物就會一點一點地開始信任我們。我們已經不再壓抑它們或忽視它們，於是這種信任能夠成長茁壯。受到它們的攻擊，我們只要碰觸它們——碰觸，而不反擊。握手跟坦誠相對的愛之間存在著接點。美麗怪物有故事要訴說，我們便傾聽。由此，它們會慢慢對我們敞開心胸，進而對我們提問。

然後我們就終於可以展開對話了。我們可以分享智慧，可以曉之以理。我們可以跟美麗怪物說，這一切確實存在，但存在不等於真實。這感覺確實存在，但那訊息並不真實。是的，你確實感覺到沒有價值，但你並不真的沒有價值。心靈可以發出訊息給感覺，因為我們已經贏得了感覺的信任，而感覺又可以與美麗怪物進行溝通。等到美麗怪物開始明白，開始感受到——我其實不是個怪物——療癒就有了發生的條件。一切的前提是我們先用不帶成見的善意去和美麗怪物接觸，否則美麗怪物根本不會搭理我們想說的任何事情。我們向來都是帶著成見在對美麗怪物說教，並且徒勞無功。我們現在做的事有什麼不同？比起開口就說教，我們的第一步可調整為單純和美麗怪物相處，藉此去感同身受它最赤裸的情感。這，就是善意。

如果美麗怪物的情緒中心有所轉變，那是再好不過。若非如此，起碼其周遭的情緒可以率先轉變，最終讓核心也發生變化。在我們的感覺世界裡，好與不好可以並存在同一個時空。如果不好可以蛻變成好，便再好不過。你可能不時會在內心的一小角感覺到不好，但其他角落卻覺得還不錯。這時你該怎麼做呢？你認同那些好的角落，但對不好的部分一樣不離不棄。

美麗的怪物有能力自我解放；它們有屬於自己的智慧。所以我們的做法是什麼呢？我們唯一要做的是不要去擾動它們，不要帶著它們誤入歧途，單純地任由它們綻放本色光芒。只要我們不壓迫、不忽視它們、也不把它們當成疾病去治療，它們就會感覺到我們的尊重，然後解放就有可能發生。這一點的拿捏需要點巧勁：若對這種自我解放所知過多，我們就可能會懷有期待，而期待就可能打壞我們開放、歡迎的態度，進而讓握手的過程徹底崩解。想要改變美麗怪物的那種心態，其實本身就是一隻美麗怪物。

當「握手只是提供美麗怪物一個敞開心胸的機會」的想法出現在你腦中，請你立刻抓住這個念頭並與之握手。這種手握過幾次後，那種多餘的期待就不會再出現了。

握手的四個步驟

握手能讓我們的意識在不帶有成見與抗拒心理的狀態下與我們感覺世界的任何一種現狀共處。握手練習可以細分為四個步驟：邂逅、靜候、堅守、溝通，外加一個算是準備工作的放手，也就是我們在第二章學過的放下。但不是什麼東西都可以放下：有些較深層、較棘手的問題會需要我們更多的關心、更多的陪伴、更多的耐性，還有更多的愛。我們已經變成逃避、壓抑、縱容與對症下藥的專家，而這些都是很難打破的習慣。夾在我們的意識與赤裸裸感情之間的，可能是一層層的恐懼、成見、反動與抗拒。握手就是讓我們能突破這層層阻礙的一個方法。我們要學習的，是抬頭挺胸地從大門走進自己的內心世界，不扭捏也不鬼祟。

當登山家想挑戰像聖母峰這樣的高峰，必須先建立一座他們可以視需求返回修整的基地營，而你為自身準備的基地營則讓你有處可以從赤裸的感情中躲回來的地方，一個情緒過強時你可以退守的安全港。這座基地營可以是正念的據點，譬如各種中性身體感受（手掌與兩腳都是不錯的選擇）、跟隨自己的呼吸，也可以是我們第三章介紹過的溫和呼吸法。總之，你可以在握手的練習中視需要穿插回到這類基地營。

步驟零：放手（準備工作）

照例首先採取一個放鬆的姿勢——坐臥皆可，惟放鬆之餘別忘了把脊椎打直。花幾分鐘放下正在思索的心靈，讓意識扎根身體裡。有幫助的話你可以把第二章的辦法搬出來用，也就是舉起雙手，讓重力啪的一聲把手帶到你的大腿上，並大大呼出一口氣。同時發生的有三件事：放下思索的心靈、雙手拍到大腿上、大大呼出一口氣。接著你就待在你的身體裡休息，清空所有心思。

無需去尋求任何特殊的狀態或感受，只要與眼前的一切，與當下身體的體驗連結即可。溫暖或寒冷，舒適或不適，緊繃或放鬆，刺癢或麻木——什麼感受都無妨。在現場休息一會兒並把流程反覆幾遍，直到你感覺入定在身體裡。隨著你的意識滲透整個肉身，你只需與身體感受亦步亦趨，無論那感受是什麼。或許某個念頭於此時冒出頭，比如你想獲得的某個特別或特定的體驗，或是你想要躲避的某樣事物。持續悄然地放掉大小念頭，好讓自然而然想浮現的事情來到你的意識範疇。

步驟一：邂逅

接著讓意識緩緩地擴散到你的感覺世界中。將意識對心境、感覺與情緒開啓。勿懷有任何目標和目的。現場有什麼感覺或情緒，就跟它們打聲招呼。不要去尋找任何特殊、愉悅或超脫的體驗，來什麼就接受什麼。覺得爛，那就爛。該焦慮就焦慮，該生氣或緊繃或疲倦，你就乖乖地去生氣、緊繃、疲倦，然後放鬆在當中。當然如果你感覺很棒、很平靜、很放鬆，就維持那狀態。要是你什麼都感覺不到，就和麻木感相處，或就安安靜靜地待著。

感覺與情緒會按照自己的節奏來來去去，我們不用特意去尋覓。它們無時無刻不在變動，從愉快變得不愉快，又變回愉快。與其在變動的感受間掙扎，我們只需要毫無心機地和感受自然相處，該怎樣就怎樣。重點是保持開放、歡迎的態度，也保持與感覺世界的連結。每當你產生心思，想要擺脫什麼或是緊抓住什麼，別忘了溫和地承認這樣的自己，接受這樣的自己。不論遇到什麼樣的阻礙或批評，只要知道有這麼回事、與之和平共處就好。想像你是宴會的東道主，就像接待所有撥冗出席的賓客般歡迎所有紛沓而至的感受。若有較深沉、較強烈的感覺現身，極可能是美麗怪物找上門，你也一樣歡迎它。

邂逅練習的目標是要你伸出手說聲哈囉。一開始，我們只需要任由各種念頭來來去去，並盡量和這些屬於我們的感受與情緒相處。但慢慢地我們就要嘗試去擴大握手的範圍，將各種論述與內在的聲音都包容進來。

步驟二：靜候

別再眼神閃爍，別再有所隱瞞。轉過身去面對、去接觸、去感受、去傾聽。當你採用了這種態度，就能讓赤裸的感受浮現出來。你只需要在這些感受的身邊陪伴就好，不需要特地做些什麼。

別去壓迫，別去逃避，別去縱容，也別想去對症下藥。這些事情我們都做得太久，也不曾得到什麼效果，更沒有讓我們與自身感受建立起健康的關係。所以且讓我們試試看不同的做法吧。人存在於現場就好，但在場不是要你去「撥亂反正」。我們常以為在場的意思是要跟某樣東西在一起，其實在場也可以只是在場，後面沒有受詞，或存在本身就是你的受詞。你只需要存在你的存在裡就行。慢慢地我們可以學著與身為體驗者、感受者的自己一起，而非與其同在的特定對象。自然而然地與存在本身共處，單純地存在就好。就在念頭與情緒持續冒出頭來並四處移動的同時，存在的靜止狀態也會持續存在。

時間久了，手就不需要去握住什麼了，因為手已經變成了休息，變成了靜止的狀態。如果這種體驗可以自發性地從握手的過程中發展出來，那就是一種好的徵兆。握手本身就是一種親密的存在方式，它與身為觀察者的相對安全與距離感有所區別。美麗怪物一來，有距離的觀察起不了什麼大作用。觀察無法用跟握手一樣的方式去觸碰我們的感覺世界。你該做的是不帶成見，用輕鬆的態度去陪伴浮出檯面的任何一種渾然事物。

如果某種狂野、被蒙蔽的感覺現身於你的宴會上——我想把一切砸爛！——你也只要伸出手。這隻美麗怪物並不打算把手伸出來，但你保持善意，保持在場。即使美麗怪物賞了你一巴掌或揍了你一拳，那也無妨。讓它打。你就捱下來，就吃點苦頭。這種暴力源自於你長期對它的壓迫。所以索性挺起胸膛說：沒問題，這點痛算不了什麼。如果你發現自己內心出現了成見，那就退一步，跟成見握手。如果你注意到自己有了私心，像是希望那情緒可以消失不見，也請你跟這私心握手。若是你注意到你對那情緒萌生了反感，仍要請你跟那反感握手。不論有什麼東西出現在你心中，都請你用握手去應對。

就採取極端一點的做法：全心全意與你的感受與情緒共處一個當下，不要反抗。基本上就是要你投降，要你去信任情緒本身的智慧。這是要你跨出一大步，是要你拿出膽識、拿出勇氣。突然要你去感受逃避了許久的事物絕非易事。那過程難免會相當激烈。縱身躍進未知的水域，會害怕也是剛好而已。惟時機一旦對了，你就必須要踏出那一步。如果你感覺自己畏縮不前，如果你覺得自己在抗拒，那就向美麗怪物伸出你的手。

這實在很像是你在縱容對方，其實不然。如果情緒說我不能跟你握手，你不見得要相信它，你只需要去感覺它。如果那感覺告訴你我想要摧毀那玩意兒，你只需要加以體會而不用照做。讓意識徹底感受那些感覺，無須反抗，也不要否定對方。這就是存在的練習。

步驟三：堅守

持續上一步驟的存在練習，多給自己一點時間。不需要匆匆忙忙，也沒有什麼非完成不可的目標。你是在交朋友，而交朋友是需要時間的。一旦你學會了純粹存在，就繼續存在並等待。等待也是一種善意，一種悲憫。鍛鍊自己的耐性，但此處的耐性並不是一種「我會耐心等到你閃開、不再煩我」的私心。這樣的私心可能讓存在的練習走偏。耐心在此處的意義是：你可以想待多久就待多久。我已經無所謂你是留是走。我們是朋友了。

這個階段的等待讓你可以精進你握手的功夫，讓你確保自己不會急躁地去觸發什麼事，畢竟你一旦想要對情緒下藥，握手的過程就會遭到破壞。抑或你可能會急急忙忙地想要去訓斥美麗怪物，但那只會讓它們沒時間慢慢信任你、傾聽你。你就好整以暇地等著就是了。

一旦能真正地落定並單純感覺到各種情緒，你就會有一股特別的釋然感。

因為你忠於了自己。壓抑跟逃避會讓你在情緒上感覺無法接地，就像你在你的感覺世界裡不是中心一樣。能夠真正放下並不帶著成見去單純感受，是老天爺的贈禮。那就像內心想釋放悲傷時就哭泣，疲憊時就小憩，虛了、餓了就好好吃頓飯。那就像鼻青臉腫時跟人討拍，並獲得一個溫暖且毫無保留的擁抱。我們可以給自己這樣的放鬆與支持，但我們必須轉身面對痛苦，而不是看到痛苦就逃跑。

步驟四：溝通

跟你的美麗怪物對話

一旦你能夠單純地與你的美麗怪物共處，它們就可能慢慢開始暖身、慢慢敞開自己。事實上它們想跟你當朋友。它們想要自由。它們甚至可能有問題要問。至此你們就可以真正開始溝通。我們可以輕聲告訴它們：「這是真的，但並非事實。你的感覺是真的，你的痛苦是真的，但你的論述並非事實。」而它們會願意聽你說。

一旦你感覺到自己想修正什麼或讓什麼消解、消失的私心已經脫落了，你可能會感受到一種轉變。在我們停止想去矯正美麗怪物，也不再嘗試把它們變不見的同一瞬間，某種神奇而出人意料的事發生了。赤裸的情緒、卡住的感覺，還有麻木的感覺，其實都不如它們看上去那般可怕。

也是在這瞬間，真正的療癒開始了。如今你已經發展出心靈與感覺之間的健康關係，各式各樣的雙向溝通已不再窒礙難行。你可以分享你的智慧與認知，而從它們的角度，美麗怪物也可以帶來它們的智慧供我們學習。

比方說，與自我懷疑握手的經驗就可以讓我們了解自己潛意識中，對出人頭地的恐懼，讓我們對內心擁有相同美麗怪物的他人滿懷悲憫。一旦我們與美麗怪物交上了朋友，我們就不會再害怕自己。

丹尼爾・高曼：原理

艾倫・貝克博士（Dr. Aaron Beck）在創立認知療法的同時，也將心理治療重新聚焦在人詮釋自身生活的扭曲方式上。身為心理治療師的內人塔拉・班奈特—高曼在正念與認知治療的整合上發揮了重大的影響力，並將相關的見解分享給了措尼仁波切，讓他得以把這種接觸心靈之道應用在他對美麗怪物的論述上。

塔拉參加過一系列密集的內觀冥想集訓，當時她也正同時與傑佛瑞・楊恩（Jeffrey Young）進行學士後層級的訓練，而傑佛瑞・楊恩正是貝克博士所提攜的後進。相對於貝克博士當時的認知療法聚焦在幫助人處理憂鬱與焦慮等問題，楊恩發展出他所謂的基模治療，一種更趨向心理動力方面的認知治療，聚焦在常見但令人困擾的情緒模式，比方情緒剝奪感或對於被拋棄的恐懼，乃至於這些情緒模式會導致的扭曲思維與情緒上的過度反應。

在塔拉追隨他學習的時候，楊恩正在開發他的基模模型，而基模就是我們於人生早年習得，並在日後破壞我們的人際關係、讓我們反覆吃同樣苦頭的情緒模式。楊恩將他從認知療法以及完形療法、依附理論中蒐集到的見解集合起來，成為一種他命名為基模療法的方法。基模會衍生出一整組自我認知與世界觀，乃至於各種相互連結的情緒。一旦這組思想與感受遭到觸發，我們就會開始採取各種自我挫敗的行為。譬如每當人覺得某個對自己很重要的人不重視自己、將拋棄自己的時候，「害怕被拋棄」的基模就會被觸發，進而讓人陷入悲傷與驚慌。而為了保護自己不受此驚慌侵擾，就會緊黏著伴侶不放，或者先下手為強地斬斷與伴侶的關係。

措尼仁波切多年來經常造訪我們。他格外感興趣的是一種臨床上對情緒的觀點，並與塔拉進行了深刻的對談；在貝克的口中，塔拉是透過其著作《煉心術》將正念與認知療法整合起來的「先驅」（事實上正是塔拉把正念教給了貝克博士與他的法官妻子，當時貝克博士尚不曾聽聞過正念）。[8]

整體來說，塔拉的治療工作牽涉到負面情緒（外加與個案相關的特定情緒基模）。在她整合了東西方心理學視角的看法中，這兩種視角都是讓我們更加清晰與悲憫地去看待自己與彼此的路徑，且帶有一種可以徹底改變人、富洞察力的意識，可以帶人通往更睿智的選擇。塔拉和仁波切一起檢視了這種面對情緒習慣的新方法，而這些對話也充實了仁波切的美麗怪物觀點和握手練習。塔拉對於她與仁波切的會面，有著如下的回憶：

在一次關於心理學、佛法與科學的對談中，我向措尼仁波切提及了我在自己病人身上看到的情緒模式。或許是因為他的思想根植於傳統佛教的教誨，所以雖然虛心受教，他仍擔心承認這些情緒模式會導致這些模式更加具體。我向他保證事情正好相反——承認自身或他人的情緒模式，只會幫助我們不把情緒看得那麼個人。你會更加把情緒看成是一種模式，而模式不等於人本身。承認情緒模式的存在會強化人的自信而非自我，會讓人更體貼、更慈悲。

我不敢說這種看法能代表西方心理治療界看待心理模式的觀點。但至少這是我的看法，而我在西方心理學與佛教心理學這兩個世界裡都插上了一腳。

我跟他說我用了《綠野仙蹤》裡的一幕當作隱喻，藉此來說明這種觀點。在那一幕當中，桃樂絲跟她的同伴們到達了奧茲國王的城堡，而就在步行前往奧茲房間的途中，他們突然看見一張會動的巨臉出現在銀幕上，並以隆隆作響的聲音宣告，「吾乃奧茲！」

他們驚嚇之餘退後了幾步。但就在此時，桃樂絲的小狗托托跑向了一座亭子並扯下簾幕。亭子裡，赫然是一名身形嬌小的男人俯身在控制台前，正在用特效配合擴音器，製造出震耳欲聾的噪音效果。奧茲說：「別再管簾幕後面的男人了！」

隨著桃樂絲一行人前去質問他，他於是從亭子裡走了出來，以真面目示人。不再嚇人的他向一行人道了歉，然後開始幫助他們——包括協助桃樂絲回到她在堪薩斯州的老家。

這便是這些情緒模式運作的方式。它們會放聲大叫，偶爾會發出駭人的訊息，讓我們以為它們是真有其事。但誠實的內省就像我們心中的小狗托托，牠會把簾幕掀起，讓我們看見情緒模式的真面目。由此，情緒模式會變得透明，最終失去它們的威力。

認知療法的目標是要將扭曲的情緒模式改變為更適應良好的模式，而塔拉在這過程中加入了正念。在塔拉的研究中，透過正念去釐清情緒扭曲的做法，可以讓我們把情緒模式看得更清楚，使其真面目顯露在我們眼前。在這每種情緒習慣的核心，都存在著一種不安定的感受，而一種基模的扭曲處理機制，將會把更充實的生活與修復更完全的關係從我們的身邊奪走。

在《煉心術》書中，塔拉描述了十種此類情緒模式（且後來又在她的《心靈低語：擺脫焦躁、厭惡與挫敗的心靈地圖》〔*Mind Whispering: A New Map to Freedom from Self-Defeating Emotional Habits*〕一書中擴充說明），並把這些模式解釋給仁波切聽，因為仁波切表示這或將有助於他更深刻理解他的西方學生。仁波切（或許歸功於其佛教學者訓練）的過人強記能力讓他很快就掌握住情緒煉心術的系統，畢竟他也正在開發屬於他自身的體系。這一組共十個情緒模式中，包括楊恩所稱的「玻璃心」（容易受傷），而這種基模雖說感覺只是輕微且溫和的不適，然而一旦推到極致卻會變身為激烈的恐懼，如廣場恐懼症，將導致人因為害怕身受重傷死亡而不敢離家。簡單來說，這種人會抓著一個確實存在（但機率極低）的可能性而加以無限放大——將正常的恐懼上綱到失控的程度，同時對出事機率極低的事實視而不見，只顧著想像並確信糟糕的事情就是會發生。結果就是：慌亂與癱瘓。這就是他要付出的代價。而這代價換來的情緒利益就是：他不用去面對自己隱藏於脆弱模式背後的更深層次的恐懼。

塔拉談到了一名父親在她十四歲時差點死於心臟病的女性，而父親對她說：「妳是我想努力活下去的唯一理由。」她因而發展出一種父親的生命繫於她身上的恐懼。她後來成為了醫療工作者——而且是長期憂心忡忡的醫療工作者。她十分忠於那種一點小事就會大驚小怪、將之無限上綱成世界末日的情緒模式，以至於要是她男朋友提到自己有輕微的火燒心（胃食道逆流），她就會擔心男友該不會其實是心臟病。

這種慢性憂慮的常見根源是養育自己的雙親之一也擁有類似傾向。成年之後，這種焦慮可能鎖定從家計到健康到親人安全等各式各樣的課題。這種強烈過頭的憂慮不同於適應良好的溫和憂慮，前者是杞人憂天，後者則有助於我們對確有可能發生的風險做到未雨綢繆。塔拉在《煉心術》書中提及，一旦焦慮放大到與現實不成比例，就會產生問題。

她觀察到，想療癒這種情緒模式的一個辦法是，用正念去意識到這些導致人驚慌的思維與感受、調查被放大的恐懼、訓練心靈看清這些感覺，看清觸發這些感覺的處境。用正念去觀察你的焦慮思緒，讓你能夠選擇不讓它們成為你的行為動機——這便是情緒自由的開端。在措尼仁波切的握手技法中，可以看見某些這種與深刻感受所進行的直接、不直接反應，且符合正念的相處模式。

這種「玻璃心」的情緒模式其中之一種變化型，就是社交焦慮。有社交焦慮的人會恐懼被尖銳批評或被貶低。有這種心理問題的人不僅怯於上台演講之類的活動，同時也會懼怕與陌生人相處或單純受人批評等情境。於是他們會扭曲自己的人生來迴避這些可能引發社交焦慮的場合。

苦於社交焦慮的志願者在加州大學戴維斯分校的菲利浦・高汀神經科學實驗室裡成了研究的對象。[9]菲利浦・高汀（Philippe Goldin）在研究心靈與大腦方面有其獨特觀點：以史丹佛大學的碩士後研究員之姿投身臨床心理學與神經科學研究之前，他花了六年時間待在尼泊爾與印度的達蘭薩拉研究藏傳佛教的哲學與實踐。關於我們對於煩躁情緒習慣的反應方式是如何受到內在接納姿態的各種影響，他是少數對其做過科學研究的學者。

高汀招募了為社交焦慮所苦的志願者，讓他們回想真實情境中，某次不安的事件，以及他們當時所感受到的強烈焦慮。然後志願者用自己的口吻寫下當時確切發生了什麼，乃至於他們當時在腦中歷經了哪些關於自身的負面想法。比較常見者有：「大家都看得出我有多焦慮」、「大家無時無刻不在批評我」、「我覺得這麼靦腆的自己很丟臉」。

這每一個想法都會觸發接二連三的負面感受。在大腦中，這些想法會觸動針對焦慮的神經警示迴路。高汀的團隊在腦部掃描中使用了這些負面想法作為觸發的工具，迴路一動作就會亮起。

高汀所做的還不只這樣。他訓練一批有社交焦慮的志願者單純地觀察自己的想法與感受，純粹留意但不做出反應。他告訴我他指示志願者要「相信自己，讓自己去體驗每一刻的感受；看著每個當下的體驗如流水流過，不要去對那些想法或感受採取任何行動」。

學者使用「接納」一詞來指涉這種我們在面對擾人情緒時，不直接反應的姿態。在心理治療師克里斯．葛納（Chris Gerner）的眼中，接納是我們能悲憫看待自己的重要關鍵。[10]他認為這流程乃由數個步驟組成，這一點似乎與仁波切的握手練習有異曲同工之妙。一切的起點是抗拒，是想避免難過人性的。但在第二步當中，我們會興味盎然地去面對我們自身的不快。只要能設法與那些感受共處，我們就能開始接受不舒服的感受，就能開始任由這些感受自由來去而不採取行動。最後一步就是仁波切所稱的握手，也就是我們要與一度讓我們不舒服的那些感覺做朋友。

包含高汀在內的大腦研究者發現，具觸發性質的思想與感受會廣泛激發擔任警示功能的腦迴路，包括杏仁核。惟由耶魯大學的海蒂．柯柏（Hedy Kober）主持的研究顯示，接納我們感受的內心姿態可以舒緩杏仁核的反應強度，並使其更容易在切換到焦躁情緒頻率的同時，不至於使這些情緒成為我們思想與行為的動機。[11]柯柏發現，接納的態度也同樣能讓生理上的痛苦不那麼難忍。她的該篇論文題目是：「由它去吧。」事實證明這是個不錯的建議。

菲利浦．高汀的研究也得出了類似的結論。[12]他發現有社交焦慮的人只要能以多一點接納少一些反應的態度去面對自身的焦慮，他們的焦慮程度就能有所減緩。或許有點令人意外的是，他們的焦慮——一如其杏仁核的反應性——下降的程度並不輸給一群用認知治療來處理自身社交焦慮的對照組，然而，認知治療可是治療社交焦慮時，非藥物性療法的首選。

認知療法在採取各種策略治療並挑戰患者的恐懼之餘，會增加言語皮層等區域或其他牽涉到這類心理活動之迴路的活動強度。雖然接納之舉並不能啟動任何一條這類迴路，但它降低個體焦慮的表現卻完全不遜於認知療法。

如高汀所言：「接納可以鬆開纏繞在那些沉重思想上的藤蔓。」

又或如將禪宗思想介紹到西方的高僧鈴木俊隆所云：「讓你的前門跟後門敞開著，讓念頭想來就來想走就走，別給它們奉茶就是了。」[13]

第五章

本質愛

措尼仁波切：實作

幾年前，我曾經在大量的奔波與教學工作中變得有點不知為何而活。外表看上去我一切正常，該做的事情一樣也沒遺漏，但我感覺到一種空虛。有回，我在一連串長途行程中來到新德里的一家飯店房間內。原本我只是慵懶地坐在床上，隨意轉著電視頻道。

突然間，電視上的一個畫面吸引了我的目光，一對俊男美女身穿優雅飄逸的服飾，自信且泰然自若地走在鄉間小徑上。這對璧人的衣裳與長髮在輕柔的和風中淺淺搖曳。男子的襯衫未紮進腰間，釦子半扣半敞，你因此可以瞥見他六塊肌裡的四塊。剩下的兩塊藏在他的腰帶下，但你不會懷疑它們的存在。我把手伸到自己的肚皮上，感受了一下我的一塊肌。

這對男女看起來是如此地優遊自得且自信滿滿，跟我對自己的感受完全不同。我想要跟他們一樣。他們其中一人的腋下夾著一台光滑晶亮的銀色筆電——

原來這是索尼 Vaio 筆電的電視廣告。

我搖搖頭心想，這太可笑了；這只是支廣告，這些人只是演員。我知道劇組需要重拍多少次，才能得到完美的鏡頭。我知道這些人是專業的模特兒跟演員，傳遞特定的情緒與氣氛是他們的專業，他們靠設計好的情緒去左右、去說服觀眾產生特定的感受。我轉了台，忘掉了一切。

幾週後，我又在新加坡看到了同一支廣告，而且又被它吸引住了幾秒。風將她的髮絲吹到他臉上，但他毫不在乎，因為他是如此地心滿意足，如此地酷。又一次我搖了搖頭，忘掉了一切。又過了幾週，我的教學行程來到了巴黎，而我又在此處看到了那對模特兒。這次他們立在巨大的看板上，捧著筆電的他們看起來時尚到不行。我把目光轉向了別處。

只不過在看到巴黎的廣告後，我來到了紐約，而且在紐約購入了索尼的 Vaio 筆電。

頭兩個禮拜我對剛入手的新筆電興奮異常，像是打了一劑強心針，內心的空處似乎被新玩具給填滿了。我把玩著筆電的各種功能，讚嘆著其俐落優雅的外型設計。我很享受帶著這台筆電到咖啡廳耍酷的感覺，自己彷彿跟上了時代。

然而蜜月期僅維持了短短幾週。我開始注意到 Vaio 螢幕上一個個油膩的指紋。索尼在廣告裡沒有告訴我這點。

爾後工作又帶著我回到了歐洲，結果美國版 Vaio 的電源跟歐洲的插座規格不符，搞得我還得買變壓器跟轉接頭。索尼在廣告裡也沒有告訴我這點。

幾週後，我旅行到西藏高原，筆電在那裡當機。很顯然顛簸的路況、塵土跟超高的海拔，超乎了筆電設計者的想像。索尼在廣告裡也沒有提到這點。

一種獨立於環境之外的幸福安泰

在握手的練習中——以一種赤裸、直接且不帶心機的方式與我們的感受世界面對面——我們會不時瞥見一種無需依賴身處的外在環境、處於自然狀態的幸福安泰。當我們與我們的美麗怪物、情緒、感受、心境、反應與抗拒交朋友時，我們就會開始深刻且自然地療癒自己。這個過程所帶來的是，能為感覺世界的底蘊帶來一種基本安適的泉源。我稱其為「本質愛」。

本質愛不譁眾取寵——它不會敲鑼打鼓、點火放炮地大駕光臨；它內斂而低調。我們沒事只是單純因為沒事，沒有特別原因。那就像是種暖暖內含光的溫暖，在無窮變動的感覺、情緒與心境之下靜靜流動。我們可以稱之為「感覺世界真正的家鄉」。從藏傳佛教的觀點，這是賓杜的品質，是能量的種子，是微細身的一部分，而微細身不同於我們的肉身。這種本質愛是我們與生俱來的，健康的孩子可以感覺到它是一種內在的喜悅，一種生命的火花，一種玩心，一種隨時可以付出愛與接受愛的狀態。

隨著我們在現代社會中長大並參與具壓力跟競爭的求學、社交與就業活動，我們內在的本質愛便極有可能被一層又一層的壓力、自我否定、希望跟恐懼所掩埋。雖然這種內在的火花也許會幾近全被掩蓋（包括我們在憂鬱、心力交瘁或焦慮發作時），但它絕不會真正被摧毀或失去。我們經常只是找不到它，連繫不上它，無法體驗它。

透過握手的練習，我們可以慢慢去恢復與這種本質愛的連結，畢竟它就住在我們身體裡面。我們愈能與它連結、愈是去培育我們的本質愛，我們就愈能體驗到其特質——那種基本的安心感，以及這種安心感的各種表徵：無條件的安穩；隨時可以愛的狀態；喜悅、明晰、勇氣與幽默感的火花。

本質愛非常隱約，不吵鬧也不浮誇。它就像在我們感覺世界裡輕聲細語的背景音，而它柔和嗓音所細訴的內容是：「我很好，我不知道為什麼，但我就是很好。」我們一不小心就會無視它，因為我們已經習慣了去注意那些喧鬧繽紛的事物——像是情緒、痛楚與愉悅。本質愛相形之下隱晦許多，它在新體驗、新玩具、新關係所帶來的興奮感面前很容易被忽略。

愛的本質與愛的表達

我所謂的本質愛與表達愛之間有一個很重要的區別。表達愛的方向是對外的——它包括為人父母者的愛、浪漫之愛、友誼之愛、對信仰的愛、出於愛的善意，以此類推。這些對於健康的人生而言都是珍貴好物，但我在這裡要請大家退一步去注意的是另一樣更基本的事物：不是我們表達出的愛，而是那些愛的原料——也就是本質愛。

本質愛是愛的誕生之處；它是一種隨時可以付出與接受愛的狀態。只要是以本質愛為中心去輻射，表達愛就會是健康的。我相信連結上本質愛跟培養本質愛，絕對是很重要的事，這麼做非但可以提升我們內在的幸福感，還可以同時改善我們人際關係的品質。

我們必須把本質愛跟自愛區分開來。對我而言，自愛聽起來像是一種反轉瞄準自己的表達愛，像是一只照著持有人的手電筒。這聽起來好像很健康，就像一帖舒緩的膏藥——可以抵消自我批判、自我責難、自我憎恨的毒性。確實，自我感覺良好總比看自己不順眼好得多。

有關自愛的重要性之教誨，在精神與世俗世界裡似乎無所不在。我猜想自愛的觀念恐怕早已被賦予了五花八門的意義，且當中有些大概與我在此想表達的有所重疊。

而本質愛的特質實則略有不同。本質愛不是一種向量，它沒有方向性，更像是我們的感覺世界中，一處由無條件的安適所構成的自然原野。它並不聚焦在任何人身上，甚至不聚焦在我們自己身上。本質愛並不等於用心靈創造一種正面的思想或感覺，用以服務我們的自我認知或身體形象。我們並未將之創造出來然後導向某個地方。打從出生以來，本質愛一直都存在我們內裡。我們可以去關注它、培育它，它就會從我們內心滿溢而出。與本質愛的連結並不是針對自我批判的特效藥，但它可以療癒我們內心的空洞。

與本質愛相反的，是空洞

回到索尼筆電的廣告。是那一段又一段的跨國奔波帶著我來到飯店裡，也讓我在亂轉選台器的電視畫面中看到了那支誘惑人心的廣告。在我內心，我的本質愛出於某種原因阻塞了。一旦我們與內心的本質愛中斷了連繫，我們就可能由內而外感到空洞。

當我們與內在本質愛有所連繫，空虛就會轉化成一種安適，一份隱隱的溫暖。這時，我們所表達出的愛意就能不那麼帶有條件，因為此時的我們來自更健全的地方，一個我們打從內心深處感覺自己「好好的」之地。

當我們與本質愛失去連繫，我們感覺到的自己就不會是「好好的」，而會有種內心深處哪裡不對勁的感受。我們感覺到的就不是身心安適，而是情緒上的失衡與飢渴。我們會想要把這種存在於感覺世界之下的空洞填滿。不論我們有沒有意識到，這種渴望都會驅動著我們大大小小的行為，就像是我們生活中某種不為人知的陰謀。為了填滿這塊空洞，我們會大肆消費、滿足自己的各種擁有慾，也會一而再再而三地飲鴆止渴——就像我與索尼筆電的故事一樣。

當內在的空洞遇見現代消費文化，形成了一種危險的組合。廣告主不笨，他們會用不實的承諾猛攻現代人內心空洞的軟肋，去觸發我們由希望與恐懼交互輪替的永動循環。內心感到很空虛嗎？買這個就對了，買了你就會覺得幸福。不買你就會繼續悲哀。與本質愛脫節的人接觸到這些廣告訊息，就會被潛移默化，然後就會克制不住地想要花錢消費。極端狀況下，不排除會困在向下沉淪的漩渦中無法自拔，最終對會導致自我毀滅的物質和行為上癮。

我們的人際關係，也免疫於內心空洞在幕後的操控。當內心該存有本質愛的地方卻空洞，我們表達愛的動機中，會摻雜匱乏感跟想填滿空虛的渴望。接下來我們對愛的表達將遠遠不再是無條件的行為。這種差異不見得能一目了然，我們自己甚至可能渾然不覺。然而在行動時，我們的行為會傳遞出某種條件性質，我會給你我的愛，只要你做到如此如此、這般這般，並使我不再感覺到空洞。我們與人健康來往跟無條件愛人的能力，將會被拖後腿，甚至被從中破壞殆盡。

尤其對孩子而言，讓他們感受到無條件的愛存在於生活的背景中，是很重要的事。即便教養孩子難免牽涉到一些表層的條件，比方說搗蛋或成績退步會挨罵，表現好就有獎勵，但不變的是，孩子的健康發展取決於他們能否感覺到一種無條件的愛以穩定而強韌的方式存在於成績或行為的表面之下。一旦感受不到這種背景，他們就會把自身的內在價值與自己在德智體群美上的外在表現混為一談。這種內外不分的價值混淆，正是本質愛見不得天日的一大主因。

本質愛：利於與不利於其存在的因素

稍早我們討論過的，現代世界的匆忙是我們得面對的一項挑戰，因為現代生活的快節奏會讓我們難以讓自己的能量找到接地處、平衡點，還有健康的狀態。同理，現代世界也充滿著讓我們難以連結上自然安適的阻礙。事實上正是這些阻礙，讓本質愛在我們的求學階段和成年生活中難以花開燦爛。這些不利的條件之所以不健康，是因為它們可能會阻斷或掩蓋掉本質愛。它們甚至有可能使得本質愛隱而不見，導致我們看不到、感覺不到，也體驗不到本質愛的存在。

在一次次雲遊世界的旅程中，我注意到隨著現代教育與職場文化的擴散，本質愛變得愈來愈難顯見。其中一個理由或許是我們實在太忙了。我們從小小年紀到上了學，再到人生的各個階段，全迷失在自己的行事曆中——一會兒得忙這個，然後要做功課，一會兒又要忙那個。這種繁忙的生活幾乎讓我們萬劫不復地在希望與恐懼中循環，而這兩種情緒都會阻斷本質愛。從更深刻的角度去觀察，則無關乎那些愛的細節，所有有條件的愛都多少帶有希望跟恐懼的意味。

相較之下，有許多瞬間與處境則可以觸發本質愛。有愛的性，對他人的愛慕，深刻的付出，深刻的愛意……這些都屬於能讓我們與本質愛產生連接點的無數條件之一。其他這類條件還包括優美的音樂、大自然的環境、舒緩而悠長的呼與吸，營養美味而有助身體健康的食物，還有可以滋養賓杜（微細身中的能量種子）的溫和瑜伽與健康運動。

生命中關乎無條件之愛的記憶，也可以是本質愛的強大觸媒。那可能源自於對我們很重要的人際關係；那甚至可以跟人沒關係，而只是出自某個不起眼的瞬間。也許不過是某人很好心地在你口渴時給了你一杯水，但這樣被無條件拉一把的溫暖回憶，就可以為你觸發啟動本質愛。另外一個常見的觸媒是對自然之美的記憶，包括美麗的花朵，和看到花當下的心情。那些花不是你的財產，你不是它們的主人，但它們還是不吝於幫助你。又或者你登上了某座山頂，目睹了燦爛的晚霞。晚霞不是本質愛，但它是能讓你內在的安泰湧現的強大瞬間。

你可以在那當中嚐到一些自由的滋味。我們的挑戰是一旦我們體驗到了這些觸媒，則要學著如何不去依賴。不靠落日餘暉、也不靠某座花園，我們要練習到能隨時隨地單獨體驗到本質愛，要練習到我們真心相信：**本質愛就在我身體裡，本質愛就是我的天性。**

當然啦，多些本質愛的火種也沒什麼不好。我喜歡稱它們是紅利獎金——獎金有人嫌多的嗎？但話說回來，這些錦上添花的觸媒是靠不住的。我們所體驗到的一切都是過眼雲煙，而過眼雲煙的意思是可能會隨著某種成因或條件的消失而難以為繼。比如你可能原本性生活十分滿足，但由於世事難料，太多不確定因素都可能造成你下一次的房事不夠美滿。不論是原本美好的餐點、音樂或任何事物，都沒有人敢打包票它們能永永遠遠。

去欣賞下場音樂會前，你可能會跟伴侶大吵一架，那天的音樂因而聽起來就不像往常一樣悅耳。任何這樣的一點差錯，都隨時可能讓你的體驗砸鍋。所以我們必須學會接受，必須學習應變，必須學會放手。我們必須在不倚賴外在條件的狀況下找到自己的本質愛。事實上，本質愛確實並不依賴這許多條件。

與本質愛的連繫愈是依賴外在的環境，我們就愈會成為孱弱的個體。我們的大腦會在重複的事物中變得百無聊賴，會把原本是本質愛開關的訊息轉開，而且我們會變得意興闌珊。這時即便聽到了真實的好東西，我們也可能感覺到索然無味、厭倦而無動於衷——「喔，那我早聽過了」。終有一日我們會發現自己手頭已無資源，原有的觸媒也效果不再。能為我們觸發本質愛的主要媒介姑且假設有十五種，它們並非取之不竭用之不盡。食物、性事、滑雪、登山……我們反覆再三地使用，遲早它們會失去效力。我們已然習慣了它們，視它們為理所當然，它們再也無法讓我們興奮起來。

接著我們會開始步入絕望，我們會心想，再沒有什麼能讓我開心了。我稱這種現象為五星級地獄。我們買了新玩具，愛不釋手兩星期，就像我跟我的 Vaio 筆電。我們會強迫性地不斷去重複使用觸媒，只盼它能再一次帶我們找回本質愛。但連著一個月吃我們喜歡的美食，我們感覺到的不再會是本質愛，而會是噁心想吐。但我們內在的發展則不會有這樣的終點。我們內心的需求不會減少，只會持續增加。

以我最近的親身體驗為例。我去了趟博克拉，那兒是尼泊爾山區的名勝，我去了一看果然名不虛傳。我們一行人落腳在鎮外一處簡樸的住地，有點像在露營。那裡沒有廁所，沒有地方沖澡，電力也有一搭沒一搭。就我而言不方便歸不方便，但瑕不掩瑜。待我回了家，眼前的一切都是如此舒適跟便利。我的廁所走兩步路就到。自來水一轉就來，想要熱水也不成問題，床更是舒服得很。一整天，我享受著種種現代生活的榮寵，然後就將之拋諸腦後。視這一切已然再正常不過，正常到我會認為生活本來就這樣。我不會珍惜這些事物，將之視為理所當然。

但當我們把本質愛的觸媒與條件跟與生俱來的本質愛混為一談時，問題就來了。環境條件可以啟發本質愛現身，但它們無法從無到有創造出本質愛——任何做法都不可能。事實上，這些外部的做法雖然能把本質愛召喚出來，我們也終有一日可以將它們通通拋開。只要透過心靈，透過操練，我們就可以獨力恢復與本質愛的連結，沒有這些外在條件也無妨。

這種與外在條件脫鉤所取得的獨立性，標注了內在自由的開端。從此，我們即便獨自身在暗室中，也能與本質愛連上線。即便在瀕死的瞬間，我們也可以與本質愛持續連線。

實作

不同於醉人的幸福或狂喜那般猛烈，本質愛更像是房間裡一種冷暖自知的暖意或濕度，偶爾我們會因為房裡繽紛的人事物而無暇他顧。最關鍵的是，本質愛永遠存在於我們內心，而一朝我們連繫上它並開始照料它，我們就能開始意識到它存在於各種感覺狀態、情緒或心境下。這裡就介紹一些能幫助你啟動本質愛的實作辦法。

注意

在地上或椅子上找個放鬆的姿勢坐下。花點時間放下你的思緒，讓你的意識沉澱進身體裡。然後緩緩地睜開眼睛，輕輕地注視房裡。讓你的心思注意到房裡的物體，就像日常會做的那樣。接著將你的注意力從那些物體上抽離，單純地只去注意房裡的空間一會兒。再來請你重新去注意房裡的物體，然後再一次讓注意力離開物體，只去關注那容納一切的空間。讓意識在如此循環往復中，注意到兩種模式的不同感受。

反思渴求

在我所屬的傳統中，有所謂的「餓鬼」之說。這種喉嚨很窄但肚子很大的鬼怪會四處遊蕩在飢與渴的折磨中，永遠沒有滿足的時候，因為他們不論吃了什麼，都不能因此感到飽足。

以餓鬼作為一種隱喻，代表的是人類種種欲望的難以滿足。身處這些去而復返的欲望中，我們看不見自身行為的後果，並會被鎖死在渴望滿足欲望而不可得的循環中。海水只會讓你愈喝愈渴，就是這麼回事。

思考這類經驗——不論是當成一種事實或一種隱喻——都可以讓人油然而生滿滿的惻隱之心。偶爾反思一下「餓鬼心態」如何在我們的生活中運行，也能讓我們警醒，讓我們從中獲得裨益。

在地上或椅子上找個放鬆的姿勢坐下。用片刻時間放下思想的心靈，將識安頓到身體裡。思索一下永遠得不到滿足的強烈渴望是如何驅動著「餓鬼」的存在。思索一下這種餓鬼心態是否會以任一種方式現身你的心靈跟生活中。思索一下你不論從外界消費任何東西，是否其實都無法徹底滿足你，也無法讓你獲得恆久的幸福。反思一下你已經擁有基本的安泰，它老早就在你身體裡，能提供你取之不盡的幸福。不如立志去恢復與本質愛的連結，去滋養它，因為它是你與生俱來的權利。

觸媒之法

觸媒能驅動各種有利的條件與活動去活化本質愛。我們每個人都適用各種不同的觸媒、啟發與聯想，而下列這些特定的觸媒對我們每個人的影響亦有所不同。你盡可去選用適合你的健康觸媒，像是欣賞日落或有人無條件愛你等美好回憶。

這裡的重點是讓觸媒或靈感去喚醒本質愛，然後花點時間去留意本質愛的模樣，至於完成任務的觸媒便可將其擱在一邊。

用音樂觸發本質愛

事前準備好你覺得格外動聽、能真正感動你的一段（或好幾首）音樂，將這些音樂串連起來。音樂長度大約占你每節練習時間的一半或三分之二。

採取一個舒服放鬆的姿勢，首先讓你的意識沉降在你的身體裡幾分鐘。然後開始播放你準備好的音樂。讓音樂洗滌你、穿透你，用幾分鐘去品味其美麗。讓音樂啓迪你。邊聽邊留意你體內的官能與感覺。再來請你試著連結感覺世界裡那微妙的底蘊特質，那基本的安適與幸福。隨著音樂停止，首先請你把注意力從音樂上收回，接著從體內的官能感受與感覺上收回，並試著單純與本質愛、與安適同在。你不用做什麼，只需要在那兒待著，沉浸其中。

用綿長柔和的呼吸觸發本質愛

以相同的方式開始：採取一個舒服放鬆的姿勢，讓你的意識沉降在你的身體裡幾分鐘。接著請你維持刻意且溫和綿長的呼與吸，時間抓在五到十分鐘。在舒緩的韻律中安歇。讓溫和的呼吸鬆弛你、滋養你、啓發你。在綿長的一呼一吸之間，留意身體裡微妙的官能感受，也許是刺癢，也許是暖意，也許是祥和，也許是少許喜悅跟盡在不言中的幸福感。然後請你從呼吸與官能感受中收回注意力，並嘗試去注意那表面之下的微妙幸福或安泰。感覺對了，就讓呼吸回歸正常，靜靜地跟本質愛共處，讓本質愛洗滌你的存在。你不需要想東想西，只需要與這內在的安適重新熟悉。

用緩和的運動觸發本質愛

你可以選擇任何一款你喜歡的緩和運動，像是氣功、和緩瑜伽、太極拳、伸展、散步，諸如此類。首先降落在你的體內，在那兒待幾分鐘。然後以你選擇的方式慢慢動起來。去享受你流暢移動身體的過程、伸展的過程，或是散步的過程。留意你的身體在空間中的位置，並盡可能在移動的過程中感到與身體合一。讓動作成為你的啓發。更加去關注你身體裡的官能感受。最後，將注意力從身體動作跟官能感受中收回，並試著留心官能感受底下的那種安適，那種來自本質愛的基礎幸福，就此與那種安適幸福共處。不論你要繼續運動還是喘一口氣，都別忘了持續留意你內在的本質愛並與之同在。重新認識自己並讓本質愛滋養你。

自然之法

找出一個舒適放鬆的姿勢，並練習將意識安頓進身體裡，在身體裡休息幾分鐘。將握手練習的經驗傳喚到心靈裡，回憶你是如何從內而外敞開心胸，也許是瞥見了本質愛的身影。然後試著去直接體驗自然的幸福與安泰。要是你成功找到了，那就與之相處一會兒。你可以運用一點正念的技巧來幫助自己重新連線，讓安泰出現在你意識的視野。你可以試著尋覓一下：「你在哪兒？安泰在哪兒？」惟你不是在尋找一種有條件的安泰。要是你找著了一些幸福感，找著了你感覺世界中某個安泰的處所，就維持現狀，在緩和正念的幫助下與之相處著。

如果你找不到那屬於安泰與幸福的柔軟角落，那就請你回歸到握手的練習中。就在當下那個瞬間，不論那片刻你所體驗到的是什麼——恐懼、悲傷或麻木——都與之面對面並加以相處。等它敞開消散了，本質愛就會再度出現。持續那麼做，總有一天本質愛會再度豐沛起來。只要你繼續尋找著本質愛，本質愛就會對你說，喔，我在這兒。到了那個時候你就無需再倚賴握手練習，你將能自然而然地與本質愛共處並悉心照顧它。

要是你不確定或你找到的不是本質愛，而是空洞，那就繼續尋找。你可以悄悄地在心靈中呼喚。嘿，本質愛，你在哪兒？屆時它或許會探出頭來，因為你之前已經透過握手體驗過它。你只需要四下尋找。有時候你必須對自己吶喊，你在哪兒？要是它在現場，便再好不過。若否，則試著握手。這就是何以握手練習一路上都如此重要。無論何時遭遇任何的阻礙、障礙，都必須將它打開。而打開這些障礙的辦法就是握手。

本質愛與其說是一種練習、實踐，不如說是一種我們與生俱來的基本幸福或安泰。有些人的本質愛唾手可得，因為他們沒有美麗怪物將之阻絕。他們只需要轉頭看向它，注意到它。但也有些人找不著本質愛，但那不是因為本質愛消失了，它只是被掩蓋了。所幸我們有這些方法可以協助我們重新與本質愛連上線。

任何時候你連結上了本質愛，只要單純與之相處或沉浸其中，你就能滋養它。你可以休憩在當中，沐浴在當中。接受它的洗禮，讓它從內心滿溢出來。你可以去留意其隱微的特質——不需要理由的安泰、一種隨時可以付出與接受愛的狀態、一道如火花閃過的喜悅與幽默感、自然而然的澄澈、勇敢。

你可能會想要把這種愛、喜悅、幽默或勇氣表達出去。這種衝動是非常正向的，但這種表達不急於一時。你只需要在練習的時候與本質愛保持連繫、盡量相處，並設法增強這種連結。將來你多的是機會在日常生活中向外表達你的本質愛。你此刻該做的就是強化你與本質愛的連接點，強化你在感覺世界中找到家的自信，強化你自然而然的幸福安適。就好好在那個家裡休息吧。

一個重點是：盡可能頻繁地在正式冥想中與日常生活中認出本質愛，不受有無觸媒可使用的影響。遵循「少量多餐」這一針見血的法則，這將能讓我們重新熟識內心的本質愛，讓我們強化與之的連結，也讓我們得以滋養這份我們與生俱來的愛。

我相信，讓我們與本質愛建立連結的這些辦法，正是通往健康人類生活、享有與生俱來之幸福的關鍵。若非如此，我們就有可能長久困於對外在環境的依賴，永遠在我們自身存在以外的地方尋求滿足。那就像我們永遠處於飢餓中，永遠想要吃掉一些什麼來填滿空洞。一旦心靈變成這副模樣，我們就永遠無法自由，而我說的「自由」，是指內心深處的真正自由，那是一種無憂無慮，開懷暢快的幸福。

過往世代的大師們就曾在內心深處坐擁如此無牽掛自由。他們的心靈不去評斷、不去比較，那兒有的只是悲憫、自由、滿滿的幸福，而同時，他們也擁有關懷與警醒。本質愛是這一切的基礎。我所追求的，就是在自身內心發現這種本質愛，然後將之分享給他人。

丹尼爾．高曼：原理

我在措尼仁波切任教的世外桃源度過了收穫頗豐的一週。實作課程讓我進入一種持續感覺到自在、如仁波切所言「莫名感到幸福」的狀態中。我感覺到一種不假外求的滿盈，好像再無任何事物需要從外部補充。所有的一切都是那麼的恰到好處，任何事都打破不了那種平衡。

塔拉跟我開著車要載仁波切回到我們家作客，路程要開上幾個小時。

「我感覺真的非常非常好，」我對仁波切說。「我終於知道你說的幸福是什麼了。」

「那代表你觸及了安泰的感受，那正是本質愛的象徵。」仁波切答道。

「我希望那種感覺能永遠不要中斷。」我說。

「只要你能持續在自己的內心找到那塊地方，這感覺就永遠不會斷。」他對我說。

只不過一回到家，我就被捲入了日常的待辦事項中，那是一個由電話、電郵等雜務所構成的漩渦，因此，那種幸福安泰感就慢慢散去了，取而代之的是日復一日一波波我不能不去做、不去想、不去煩的事務。

幸福有兩種。第一種如仁波切所指出，取決於一天當中，有哪些事情發生在我們身上——好事發生固然能讓我們喜不自勝，但萬一事情的發展不盡人意，我們就會陷入低潮。我在世外桃源所醞釀的高潮，正是慢慢被這種情緒的翹翹板給磨耗掉。

第二種比較穩定的幸福來自於我們內心，且無論如何都會停泊在我們內心。這就是措尼仁波切所稱的**本質愛**，其正字標記就是身心安泰的感受，那代表我們會沒有理由地感覺到快樂——也就是我們能不假此身以外的條件讓自己開心自在。這是一種穩定正向的特質，跟環境中發生了什麼無關——甚至能免疫於現實中的失落、沮喪、挫敗。

有種看法認為心理學理論的發展就是在寫自傳——心理學家或多或少是憑直

覺將研究建立在自身的人生經驗上。或許正是因為如此，對於「天塌下來仍能夠保持樂觀」的那種內在狀態，心理學領域才一直無法說出個什麼道理來——心理學者本身可能不曾有過這種經驗。也因此，這種不論遇到什麼大風大浪都能處變不驚的狀態，始終沒有出現在心理學的人類經驗地圖上。反之，心理學的研究始終很大程度地聚焦於極端焦慮與憂鬱等心理病態上。

心理學作為一門科學，直到晚近才開始重視與仁波切口中的安泰相關的各種特質。這種心理學研究的轉向始於正向心理學運動的竄紅，這種運動的爆紅讓人類經驗的積極面——如讚嘆、感激與悲憫——進入了心理學的視野。

這種新的心理學焦點凸顯了與本質愛有共通點的各種特質，包括「與生俱來的幸福」，還有一個概念借自希臘語中表示「幸福」的單字：eudomania，偶爾也會被翻譯成「茂盛」（flourishing）。這種幸福出自內在，不太受到我們人生的起起伏伏所影響。

要在心理學中找出與仁波切所謂內心安泰最接近的事物，那大概就是新近的幸福研究領域，外加這種正向的內在狀態確實是能被培育出來的認知、亦是經科學驗證過的事實：幸福，是一種技能。[14]我的老朋友李奇（理查．戴維森；措尼仁波切胞弟明就仁波切的學生，同時也是知名的神經科學家）在威斯康辛大學所率領的團隊正在推廣幸福的觀念，除了以此為題進行研究外，也提供免費的手機應用程式來幫助更多人進入幸福的境界。[15]

作為其研究底蘊的關鍵原則，是我們有能力培養出內在的幸福感。腦科學的基本概念是「神經可塑性」，也就是說一項常規操作的練習次數愈多，其背後的腦迴路就會益發強韌。這種觀念如戴維森所言，說的是幸福或福祉是一門技術，而且是一門我們可以透過練習去熟能生巧的技術。高爾夫揮桿可以如何精進，冥想的練習就能如何精進。

「少量多餐」，也就是分多次進行短時間的練習，是定期操演這些心理動作需牢記的口訣；練習多了，這些動作就會更常自然而然地出現。事實上藏語中的冥想叫作「䂁」（gom），意思跟「慢慢習慣一件事」有點像。換句話說，我們愈是能與自己的本質愛好好連結，愈是能熟稔這種安泰的感覺，就愈能輕鬆自如地進入這種境地。

幸福的一項關鍵成分如戴維森的團隊所主張，存在於前額葉皮層這個大腦行政中心的一個關鍵區域中。前額葉皮層就位於眼睛上方與額頭後面，而其中一個特定部位的活動就能產生幸福的要素。匯集在這個特定部位的腦迴路可以培養自我意識，意指我們掌握自身思路與感覺的能力將獲得增強，且我們將能在受到干擾的狀況下保持注意力——而這正是我們能讓自己重新聚焦在當下的訣竅。

哈佛大學等機構的研究發現，我們的心思愈是飄忽不定，我們的感受就愈難稱得上好。[16]所以，比如我們愈把時間花在網路上看那些世風日下的壞消息，我們感到憂鬱的機率就愈高。另一方面，戴維森的團體發現我們愈能將注意力集中在我們自身與身邊當下變化上，我們主觀的幸福感就會愈強。這呼應了學者研究正向心理學的發現：反思自身經驗的能力，有助於我們擁有更快樂的心境。

對我們的情緒習慣和隨之而來的思緒，若擁有一種開放的好奇心——就像我們在握手的練習裡用接納的心態見證這些情緒的來來去去那樣——也能讓我們的幸福感有所進益。

專責幸福感的關鍵腦迴路是以前額葉為中心——比方說我們想意識到自身的思緒，就必須動用到前額葉區側邊的迴路。[17]想要有能力管理好我們自身的情緒狀態，則要在我們前額葉通往杏仁核的一帶，建立起強韌的迴路連結，因為杏仁核是人腦中的威脅雷達站，也是憤怒／恐懼等感受的開關。

許多種類的冥想都有潛力能讓人腦中的這種變遷更加順遂。當我們能看著自己的心靈並懷著接納的態度（握手練習的核心精神），其在生物層面上的益處更是豐沛無比——別的不說，光是我們的壓力徵象就會大大舒緩。

我曾跟李奇談到幸福，他要我不妨參考一下他的團隊所做的關於韌性的研究；而所謂韌性，就是能從壞心情快速好起來的能力。[18]有些人天生就是恢復得比較慢——然而，若能參照李奇所點出的，人人都可以學著更快從沮喪中復原。

從壞心情跟壓力造成的生物性改變中快速掙脫，是進行握手等練習可以帶給我們的三種好處之一。另外一種則牽涉到我們多容易被觸發不快的情緒。有些人覺得他們的生活裡滿滿都是讓人生氣、不滿意的事件，但也有些人同樣面對各種不如意事的反應卻很小或完全沒有。這同樣可經由正確的練習來改進。

至於情緒反應的第三個面向，則在於我們體驗負面情緒波動的強度。同樣地，對我們當中的某些人而言，一款情緒觸媒可以創造出高度的痛苦與生理性干擾，但也有些相對較不敏感的人面對情緒觸媒時只覺得那是一段小插曲，而非什麼狂風暴雨。

如我們前面所見，握手練習能提供我們一種處理情緒觸媒與後續情緒波動的實用辦法。而這辦法可以打開一扇門，讓我們從此變得更加處變不驚：也就是被稱為安泰的一種風平浪靜。

按照戴維森所率團體之觀察，幸福還有其他的支柱，且其中一根支柱就來自簡單的自我問診，也就是我們要用接納而非批判的態度去檢視我們的情緒與這些情緒的起因。當然，這種做法就跟帶給我們安泰感的「握手」練習是同陣線的盟友。腦部研究顯示，這種過程可以啟動大腦行政中心裡的特定區域（也就是用來管理情緒擾動的區域）以及在「建設性自省」時活躍起來的神經網路。其結果就是帶來那股幸福的感受。

幸福的另外一根與握手練習相當類似的支柱，是所謂的洞見，也就是我們會開始意識到那道從我早上醒來到晚上睡著，一直在腦裡對我們說話的聲音。有時候那道聲音會為我們加油打氣，讓我們感覺更有活力，對生活更有熱情——那對我們的正面心境是一針強心劑。

但同樣的一道聲音也可能對我們指指點點，對我們的所做、所說與所想存有許多不滿。在這種狀況下，聰明的我們就應該要在心靈中找到一個可以穩住陣腳的地方，然後在那兒看著那道聲音背後的想法來來去去。這就跟握手練習提供給我們的東西有異曲同工之妙。隨著這些負面想法在我們的旁觀下慢慢減弱，我們的幸福感受也將得以盛放。

研究發現，對自己懷抱著悲憫之心與接納的態度，可以強化我們的幸福感，這包括我們會更能夠處理好不安的情緒，並展現出更佳的同理心技巧，比方更能接收到細微的社交線索。相較之下，用嚴峻跟自我批判的態度去看待我們的思緒與感受，只會讓我們成為憂鬱跟焦慮的高危險群。

就腦部活動而言，正向幸福感的這個面向似乎關係到前額葉皮層作為腦部行政中心與所謂「預設模式網路」之間的強勁連繫，其中預設模式網路就是會在我們的心靈飄盪時（如做白日夢時）變得更活躍的一組腦迴路——心靈在白日夢中晃盪代表我們處於一種易於反芻的心理狀態，此時我們傾向來回複習擾人的想法，而非用更有建設性的方式去思考。

本質愛與安泰感受的正字標記，不僅僅是我們比較不易受到憂鬱與焦慮等情緒問題的侵擾；它真正在我們的內在狀態中造成差別的，是本質愛與安泰所具備的光明面：與喜悅、生氣亦步亦趨的一種「火花」。

與本質愛之連繫所帶來的安泰感受，固然自身就是一種扎實的獎賞，它還能順帶幫上我們的生理與情緒健康一些忙。例如那些自認幸福感較高的人有著較佳的抗壓性；他們在生氣難過之後的恢復速度也較快。

伴隨著這種抗壓性，其他健康上的好處也會層出不窮，包括含心臟病在內的各種疾病較不易來襲，譬如關節炎、糖尿病和氣喘，這些疾病都會因壓力所致的發炎反應而惡化。同樣地，堅實的數據告訴我們幸福可以讓我們堅強起來，讓我們在面對強烈的慢性焦慮與憂鬱等負面情緒狀態、飲食異常，甚或精神疾病，都不會那麼不堪一擊。再來就是我們的專注力會提高，胡思亂想的狀況會減少（精神渙散本就是負面情緒的已知推手）。另外一個附加的好處是：心思不亂飄加上專注力升高可以讓學習的效果變好，並表現在考試的分數上。

總的來說，培育本質愛的手法就建立在握手練習的基礎上，靠的是藉助這種自我接納去觸及我們帶進生活中的、火花般的基本安泰，而生活就是我們情緒世界的自然棲息地。本質愛讓我們有了一條途徑，可以逃出自我批判思緒的陷阱，因為我們可以認出、回復、培育我們天然的幸福感。不同於勵志書上教的光在嘴上自我肯定，建立我們的本質愛可以讓我們在起起伏伏的思想與情緒底下，培養出具有一定品質的基本幸福感。而那便能讓我們連繫上自身內在的安泰。

如我們將在下一章所談，本質愛可以強化我們對自身的悲憫，進而能夠對世間眾人都心懷悲憫。

第六章

愛與悲憫

措尼仁波切：實作

我最近被問到一個問題：「你是如何去學到『愛』？」

我從所有的老師——包括我祖父以及所有的恩師——身上學到的那種愛，跟所謂「正常的」愛很不一樣。其中愛與悲憫都不缺，但額外多了很多開放、包容的胸懷與不妄加批判。祖父還有老師們從來不會說：「喔，我愛你，你好棒，你棒透了。」但他們給的禮物比誰都寶貴——他們一個個身懷包容、開放又溫暖。我從來不覺得自己跟老師們之間有隔閡。不知不覺中，老師用身教示範的愛成了我的影子，我去哪兒它都跟著。

即使是我的父親，「我愛你」也不是他會掛在嘴上的話，但我也不需要聽他說才知道。不帶有執著的期待也沒有私心的開放心態，就是一種愛。那更像是一種廣義的關懷。不批判也是一種愛。愛的浮現沒有維度的限制。愛不是只專注在一個面向上。不論是祖父、老師，還是父親，他們給我的感覺總是心胸非常開放、非常關心我，盼望且歡迎我隨時回去探望他們。他們沒有架子，我從來不覺得自己見他們需要預約，也從不擔心自己的問題太笨。如今我終於明白這樣的關係有多特別。他們的關懷就像是一種空間，跟巴在你身上的愛不一樣，空間是沒有條件的給予。空間是愛的真諦，容許所有現象在其中發生。沒有這種愛去提供高品質的空間，任何現象都發生不了。

長大後去到西方世界，我才得知世間還有一種狹隘、只專注在某一點上的愛。這種愛有條件。這也是愛，但這種愛很激烈。家長對孩子或浪漫伴侶之間的愛意都充滿了強烈的情緒——有甜也有酸。

愛與悲憫作為一個話題，算得上老少咸宜。在某種層面上，愛與悲憫是冥想與修心之路上門檻最低也最自然而然的主題。這兩樣元素超越了哲學、教條與傳統的歧異。它們可以是不同信仰之間的共同語言，也可以是宗教世界與世俗世界之間的交會點。它有個精妙之處，即以佛家角度觀之的，一切眾生本具愛與慈悲心。我們甚至可以說我們真正的本質就是愛與悲憫。惟雖然我們與生俱來就有這種本質，並不表示我們就不能刻意去培養它。這就像是必須透過刺激，讓某樣東西得以現身、成長與擴大。

愛與悲憫的培養成了一支雙人舞。一邊是對這種內在良能的體認，另一邊是對各式各樣培養手法的支持鼓勵，我們要讓這兩邊攜手跳起舞來。說起培養的手法，我們可以做的一件事是去觀察自我，看它有沒有阻礙或汙染我們的愛與悲憫。在我所屬的傳統裡，我們非常強調跟在乎一種稱作菩提心的東西，你可以大致將之想成是一望無際且一視同仁的利他主義。這是我們行事動機的黃金標準，是我們心嚮往之的意圖頂點。但在不帶偏見的利他主義可以開花結果前，我們必須去培育我們的愛與悲憫的種子。

基底的人性

我們內建的愛與悲憫作為我們本性的核心，就像一顆被密不透風囚禁在屋子裡的太陽。太陽會永遠在那兒發光發熱，那是它的本性，但罩住它的房子有著相當密實的百葉窗，那些百葉窗象徵的就是我們的各種人為遮蔽，譬如我們的自我中心、我們的目中無人，我們各種強烈的依戀、偏見、成見。雖然百葉窗可以阻擋掉大半的陽光與溫暖，但百密總有一疏，些許的陽光與暖意還是會鑽出縫隙。那一線線光明恰如我們感受與思緒中確實存在的愛與悲憫；像是我們留給家人、朋友、寵物、心儀對象的溫柔。我們一方面要練習的是去理解並信任我們愛與悲憫的天性，另一方面要練習的則是設法卸除礙事的百葉窗，讓愛的天性可以恣意對萬事萬物發光發熱。

在更深入介紹愛與悲憫的天性之前，且讓我們回顧一下本質愛。在前一章我們討論過本質愛是一種基本的安泰，一種我們與生俱來的天然幸福感，只不過經常被壓力、自我批判，還有各種情緒阻礙層層覆蓋起來。我們曾提過，本質愛就是表達愛得以健全進行的平台或種子，我們若想健康地表達悲憫或鍛鍊悲憫，同樣必須以本質愛作為基礎。

本質愛有助於將悲憫的副作用消除或降到最低，像是受他人的苦難影響而自己也陷入憂鬱，或是對施暴者產生恨意等副作用。我們會因悲憫而憂鬱，是因為看見別人受苦會觸發我們內心空洞的感覺。但靠著本質愛，我們可以把同理心與悲憫化為行動與愛意，並順便避開空洞感或憎恨這種破壞性的能量。要是沒有本質愛可恃，我們有可能會表現出占有欲或執著，抑或反覆陷入不健康且過度相互依賴的關係中。基本上，在這種狀況下，我們生來就有的愛與悲憫將只能以模糊且受限的方式顯現。我們會產生高度的偏見，甚至會陷入深深的困惑中。而一旦我們獲得健康且接地的本質愛，愛與悲憫就能自自然然輻射出來，我們會少了包袱，也少了一言難盡的故事，少了被掀起的瘡疤。

此處一個關鍵的目標是，我們的愛與悲憫不僅要給與我們親近的人，也要能給與我們的仇敵。要達到這個境界，作為基礎的本質愛便不可或缺。沒有本質愛當基底，真正的悲憫就會搖搖欲墜。比方說某種慣性模式可能會激發我們的愛與悲憫，就像愛狗人士都有自己偏愛的犬種，但這樣的慣性有失公允。少了本質愛的溫暖為基底，我們的感受與觸媒就會淪為有偏見的愛與悲憫。這就是本質愛作為愛與悲憫能健康發展的基底何以會如此重要的原因。

簡單來說，健康的愛依託在本質愛之上，而不健康的愛就少了這種依託。這個話題其實有點敏感。我並不是想要藉此去批判那些愛與悲憫「不夠健康」的朋友。我只是想要點出我們每個人都會因為各種原因而難以表達出我們潛在的愛與悲憫。畢竟依賴、嫉妒、占有欲都經常會圍繞著愛與悲憫打轉，我們沒有人不需要去面對、處理這杯混有各種情緒的調酒。

有時候在體驗到愛的當下，你會不確定那是一種健康或不健康的愛。你可以使用正念去判斷，因為正念可以讓你意識到你的處境與你對愛的感受。比方說你邂逅了一個心儀的戀愛對象。你感受到興奮、期待、遐想、一抹針對競爭者的醋意——這一整杯令人天旋地轉的情緒雞尾酒。試著把你的意識從心儀對象的身上轉回到你的感覺世界，去意識那些感覺的本體。接著你可以重新與本質愛連上線，將自己在自身基本的安泰中安頓好。然後你就可以回去尋找愛的感覺了。

所以偏見是有還是沒有？憤怒是有還是沒有？如果你能與本質愛連上線，那麼你的偏見跟憤怒都會隨之大減。當然啦，正常範圍內的一點點依賴與嫉妒在我們的愛中難以避免，但這兩種情緒都有過量的可能。一旦你感覺到它們過量了，就請你重新連結上本質愛，然後以那兒為起點去進行表達。靠著本質愛，我們就可以避免失去平衡；我們的依賴感與嫉妒心都可以保持不失控。這可是天壤之別！

靠著本質愛，你會得到安全感，會感覺到空洞被填滿。你還能擁有一種睿智，讓自己不至於走上偏鋒。假設我對我的未婚妻懷抱著愛意，而此時有另外一個傢伙對她目不轉睛。我可能因此湧現醋意跟來勢洶洶的怒氣。但如果我有本質愛可以依靠，那麼我就會保有基本的安全感。我就可以跟自己說：好吧，我感覺到這兩種情緒。但無妨。眼睛長在他身上，他想看就看。沒什麼大不了的。這是本質愛在跟你自身的不安全感對話。

佛教的本源是人想要獲得幸福與福祉，而且還想要推己及人。我們希望每個人都能感覺到祥和平靜，希望人人都有這樣的機緣。於是我們接受的訓練是，出於種種理由，眾生都基本無異：人人都想要趨吉避凶。傳統上我們稱這條思路為「隻炯」，意思是「修心」。這種訓練的擁護者除了聖座達賴喇嘛，還有我的老朋友雪倫・薩爾茲堡（Sharon Salzberg），她是慈愛練習的大師。

雖然我們可以用各種辦法去進行幸福的分類，即便幸福在不同人眼中有不同的模樣，但總歸還是有一種放諸四海而皆準的、被我們稱為「合乎倫理」的幸福，也就是不傷及任何人的幸福快樂。合乎倫理的幸福很接近屬於本質愛的那種基本幸福。很可惜的是，某些人就是有多一點這樣的機會，而某些人的機會就是少一點；有些人體驗到更多苦難，有些人則體驗到更多幸福。所謂的慈愛就是對那些明明也有權幸福、閃耀，但苦於機會較少之人，喚醒自己的愛並給與之。愛就是盼望他們的幸福也能開花結果。

表達愛的各種層次

愛是一個很複雜的課題，就連愛這個字都可以作千百種解釋。在我所屬的傳統裡有各式各樣的字彙，像是源自梵語 Maitri 一字的 metta，就常被翻譯成慈愛、慈悲或善心，或單一個「慈」字。這些定義有助於將之與一般占有式的愛劃清界線。我們還有其他字眼近似於英文裡的關懷（care）與鍾愛（affection）。

我個人喜歡把愛想成是一種多層次的現象。本質愛是基底，是愛的土壤。而從這片土壤上，可以在我們的人際關係跟精神修行裡萌生、綻放出各式各樣的表達愛。比方說，我們可以抱有對孩子的愛、對兄弟姊妹的愛、浪漫之愛、友誼之愛、對信仰的愛、悲憫之愛，諸如此類。這種種愛都擁有某些本質愛的質地，本質愛的水分。本質愛就像是愛的雙眼，而表達愛就像是愛的軀幹跟手腳。又或者我們可以說本質愛就像是愛的潛力或其打底的暖意，而表達愛就是愛的實行，是火焰的顏色與外型，是你真正能看見的東西。

屬於健康型式的表達愛可以讓人生變得有意義，還可以支持我們撐過人生的低潮。這些型式的愛常跟依賴綁在一起，但那是正常的。不過我們或許可以想像一種超越依賴的愛，一種基於不偏頗的愛與悲憫，既深刻又細緻的特質。這意謂著我們可以不用受限於對特定人物或族群的愛，不用受限於對家人、朋友、「自己人」或受害者。我們可以對包含敵人、陌生人、甚至加害人在內的所有人感受到愛與悲憫。這是一個艱難的目標，但不是不能自我鍛鍊。這種不偏不倚的愛與悲憫一旦推到極致，就是所謂的慈，就是一望無際且澤被萬物的利他主義。

愛興起的根據可以是感受，也可以是理性，這兩者既重要，又可以被培養。我們需要感性與理性的共同推進，才能朝著不偏倚的愛與悲憫前行。少了感受，純理性會太乾枯，欠缺暖意與溫柔。光是在那兒重複慈愛的句式與志向，實際上心口不一的話，久了只會讓人感覺像機械人。但少了思考與理性的純粹感性會施展不開，也會流於一種直覺反應，因為我們的感覺往往出自慣性模式。理性推導可以提升愛與悲憫去超越其以感覺為基礎的根源，進入一個更寬廣的空間。比方說，我們會感覺到對寵物的一絲愛意，這種愛很美，但本身也有其局限，因為這種愛是綁定在單一的生靈之上。透過訓練，我們可以使用這種愛意來作為一種基礎，並在此基礎上拓展我們的愛去涵蓋愈來愈多的生命。何以生命不能一律平等地享受到我在寵物身上感受到的溫柔呢？他們當然有這資格！我們可以強化自己的愛意，讓我們的內心充滿更多的悲憫。

愛與悲憫的阻礙

愛與悲憫會遭遇到許多情緒阻礙，但我們可以將之濃縮為三者：**依賴**、**漠然與反感**。依賴是當中很棘手的一種。愛往往會與依賴綁在一起。依賴的英語attachment會讓人有點混淆，因為現代心理學將之翻譯為依附，並用來指涉一種正面的人際關係特質；讓人能獲得安全感的安全依附關係，對人的童年與其後之心理健康都極其重要。佛教徒也同意，在我們的主要人際關係中感覺到安全與篤定，對包含兒童在內的每個人都很重要。但是我們對這個詞則有不同的詮釋。當我們說到依賴，指的通常是一種不健康的掌控，是一種束縛與黏膩的行為模式：

我愛你，因為你是我的。我愛你，因為你能讓我快樂。

關於這個問題，經常引發很多的疑義，因為這似乎暗指佛教徒應該「六根清淨」，但這一點很容易就會被誤解為某種麻木不仁，一種完全不在乎他人死活的放空狀態。就我看來，這是一種天大的誤會。透澈且平衡的佛學修持，理應帶領我們把更多事情放在心上，而且這種在乎不是我們家人朋友的專利，而是人人都能收到。我們會發展出一種深刻的勇氣去正視苦難，去對眾人敞開心門。所以請明晰佛教的傳統為何，千萬別以為把一切都當成浮雲或漠不關心便是某種修佛的慧根或造詣。並不是這樣。那只是代表你麻木、孤僻，而且還沒有跟那些美麗怪物握手言和——搞不好你還會用這種誤解來為自己開脫。請不要這樣做。

但話說回來，我們也不該太過介意自己的愛與悲憫參雜了依賴的心情；那再正常不過了。但我們要保持意識跟警覺。我們可能會跟自家寵物甜甜蜜蜜，覺得牠們可愛死了，而如果有人不小心踩到牠們的腳，我們可能會有股衝動想賞對方一巴掌、大罵一頓。我們一般會喜歡也喜歡我們的人、對我們好的人、幫我們一把的人、讓我們感覺良好的人。但依賴會讓我們的愛與悲憫陷入偏見、喜好與歧視當中。我喜歡某種人但討厭另一種人。我可以同理這位小姐但同情不了那位先生。這些情緒正常歸正常，但會限制我們。能對某些生靈感覺到愛與悲憫固然是好事一樁，但這些情緒會讓我們的世界在自己有感與無感的人之間、喜歡或不喜歡的人之間分裂。

漠然作為另外一種主要的障礙，也會讓我們對陌生人或較疏遠的人無感。我們可能會覺得他們發生什麼事情都無妨。可能不會詛咒他們受傷，但也不會特別關心他們的死活，畢竟我們不認識他們。我們可能會想，我連認識的人都已經搞不定，一個頭兩個大了，哪有功夫去管那許多陌生人的閒事！但這些與我們素昧平生的生命就跟我們關心的男男女女一樣，都值得我們的愛與悲憫。因為他們也都在無端地受苦受難。

寬廣的愛與悲憫還有一樣巨大的障礙，就是單純的反感。所謂反感有很多「口味」；比較溫和的包括討厭與煩躁，激烈一點的則有憤怒、仇恨與憤慨。人會感覺到這些情緒的理由有很多，其中有些好像還滿有道理的（誰叫他傷害了我），有時候則比較無厘頭（我就是不喜歡大嗓門或衣服穿得鬆垮垮的傢伙）。每當腦中閃過那些我們不喜歡的行為，那些讓我們煩躁、讓我們受傷的行為，我們都會有意無意一併做出一項重要的假設：他們是故意的。他們是明知故犯。他們就是想要傷害我、惹毛我。他們太過分了。

但如果去深究這個假設，我們會發現這假設其實經不起檢驗。如果內心深處我們希望他人快樂，那不就代表他人內心深處也希望我們幸福？好吧，你可能會說，既然如此，那他們為什麼要做那些會傷害我們的蠢事？他們還有什麼理由能這麼討人厭？這個嘛，那我們自己又是為什麼會犯蠢去傷害別人呢？那可能是無心之過，可能是單純沒注意，但更多時候是因為我們被某種痛苦的情緒侵襲，暫時讓身、口、心脫離了我們的掌控。做出那些蠢事的不完全是我們自己。當然啦，再怎麼說責任還是我們自己的。重點是我們可以在痛苦的時候失控，難道別人就不能？

要化解焦躁、憤怒與仇恨，有一種強力的特效藥，就是去思考那些傷害我們的人跟行為是如何受到痛苦情緒的控制。所以其實主要的錯不在那些人，而在那些情緒身上。只不過我們會把人跟事混為一談。再者，我們自身的偏見與抗拒也偶爾會被捲入情境之中，進而對我們的反應與感受產生顯著的影響。如果我們原本就懷有對某人的抗拒或不滿，那麼只要一點小小的導火線就能讓我們覺得受傷並產生反應。在我們帶有成見的眼裡，對方的人、情緒、一舉一動跟一字一句，都糾成了一團亂七八糟的毛線，而且還會讓我們也感覺像是由憤怒跟受傷揉成的一團毛線球！

但事實上，對方的人、情緒、行動與本質，都是同一個人的不同面向。就像我們會因為氣瘋了而做出事後後悔、傷人的事，他們也是一樣。被情緒控制住的他們值得悲憫。我們普遍明白孩子身上會有這種現象。遇到孩子情緒崩潰，我們一般都能將他們的人與情緒、行為分開看待。但當今天崩潰的是大人，我們就會忘記要去做出這種區分，我們會覺得大人應該要為自己的情緒承擔更多責任。

如果我們能達到一種境界，對陷於負面情緒中的每個人都發揮真正的悲憫——不分他們是受害者、加害人，還是旁觀者——我們就會出落得非常強大。這不等於我們忘記了是非善惡，我們仍舊清楚什麼是對，什麼是錯。我們仍舊知道什麼是美德，什麼不是。這也不等於我們從此躺平什麼都不做，或是再也不去保護那些需要我們保護的人。如果插手是對的，我們還是應該插手，扮演保護者。如果需要保護自己不受欺負或虐待，我們還是應該出手。但我們還是可以對牽涉其中的所有人感到愛與悲憫，而這是來自上天一項強大的贈禮：不把我們自身的負面情緒如怨恨或復仇心套進情境中。對我們不欣賞或覺得討厭的人培養悲憫之心，甚至對傷害過我們的人培養悲憫之心，能讓我們得到自我蛻變的天賜良機。

愛與悲憫的區別

愛與悲憫非常類似，且對我們來說缺一不可。愛比悲憫難度更低，因為愛的核心是良善，而悲憫則包含去保護人不受苦難的勇氣。愛是希望別人好，希望別人能欣欣向榮——能擁有幸福、喜悅、健康、成功、美德，乃至於所有值得擁有跟美好的事物。

悲憫，相對之下，則專注於芸芸眾生所受之苦，不分你自己或旁人。悲憫專注於平安。悲憫看到的是各式各樣的苦難：身體、心理、情緒、社交、精神上的苦難。悲憫之心願意正視衰老、疾患與死亡。悲憫不會對恐懼、焦慮、憂鬱、寂寞等問題視而不見。悲憫是我們所能擁有最瑰麗也最深邃的能力。在某種程度上，悲憫一點也不複雜；我們直接或間接邂逅了苦難，並感覺到一股衝動想要讓這苦難獲得舒緩。

惟在培養悲憫之心的過程中，事情可能會變得複雜。一旦我們去觀察世上所有的苦難，我們可能會感覺到一種難以承受之重；我們會感覺到天要塌下來了，好像駱駝背上被放上了最後一根稻草。苦難映入眼簾，還可能觸發我們心中的傷痕與美麗怪物，而那又會讓我們感覺到沉重，甚至抑鬱。再三被暴露在痛苦與苦難中，我們會被往下拖。這就是何以許多醫生、護理師、治療師、社工或諸如此類身分、專職助人的專業人士最後自己會燈枯油盡，也是何以悲憫之心也需要一點理性來取得平衡。

比方說，我們對自己的期待必須切合實際。我們感情上會想要把自己燃燒殆盡，但實務上我們可以盡力就好了。期待自己——或期待任何人——豁出一切去助人是不智的。簡單來說，我們不可能給出我們並未擁有的事物。但話說回來，如果我們不把自己有的能力發揮出來，那就不是悲憫了。我們需要在我們想做到、我們能做到的事情之間，找到一個平衡。

理解到世事無常是一種智慧，而這種知道凡事都會過去，凡事都會改變的智慧，將有助於我們避免被一廂情願的悲憫之心壓垮或拖垮。不論事情有多糟糕，都不致永遠如此。每一種現狀都必然會變化成另一種模樣。看得出禍福相倚也是一項極為有用的大智慧。萬事萬物都是前因與條件所造就的後果；沒有什麼事情的發生不倚靠著許許多多前情的匯聚。不論此刻發生了什麼，現況都在某種基本層面上，它不過是許多成因與條件集合後，必然會出現的過眼雲煙。認清這一點，我們就比較能從怨天尤人的漩渦中脫身，也比較能放下被害者的心態。

甘於受苦

有時我會不知該不該提起何謂真實的悲憫。真實的悲憫是如此寶貴，但它也有許多假冒者。有時候我會提到所謂的「加州式悲憫」——我喜歡開加州人的玩笑，是因為加州是個很美的地方。我不會承認也不會否認這個故事是我編的，但總之某天晚上，一個以加州為家並在此修行的好人準備要就寢了。他點燃了一些薰香，做了幾分鐘的「悲憫冥想」，然後爬進了他軟呼呼的有機被單中。他希望隔天早上能神清氣爽，氣色良好地去上班，所以期待著能好好睡一覺。但就在這時，電話鈴響了。有個朋友身體很不舒服，想請好人陪她去醫院。好人倒抽了一大口氣。一部分的他想要伸出援手，但他又實在很不想錯過入睡的最佳時機。最終想要好好休息的慾望勝出，他好聲好氣地跟對方道了歉，說他實在愛莫能助，但表示他真心希望她能找到人陪她去，也衷心希望她趕緊好起來。

講完電話後，他爬回被單中，試著重新入睡。但罪惡感不斷從他心中冒出來，他翻來覆去了好一會兒。也許我應該幫她才對……我生病時不也希望朋友陪著。我好像可以去一趟醫院，確認一下她沒事。但想歸想，他還是下不了決心起身更衣，開夜車、面對醫院超刺眼的白光。又過了一會兒，他內心的罪惡感與矛盾強到他不得不起身換上柔軟的有機袍子，重新往他舒適的冥想坐墊上就定位。他一進一出地深呼吸，把悲憫與療癒的能量傳送給朋友。一段時間後他感覺好了一點，也終於能夠入睡。

雖說他的呼吸練習與祈禱看似悲憫，但他的目的是舒緩自身的罪惡感，設法重新入睡。他的動機是關乎他自身的福祉。這就是我所謂「加州式的悲憫」。

我們當然有權劃定人我邊界並優先照顧好自己，這沒有問題，問題是我們不應該把這種行為稱為一種悲憫之舉。那樣對貨真價實的悲憫行為並不公平。我們應該實事求是地稱那是自我照護——因為他真的就是照顧了自己。在我看來，這兩者的差別就在於受苦的意願。深刻的悲憫關乎我們願意去忍受不舒服、願意去受苦，願意為了他人的福祉犧牲自己。這需要一點膽識，所以說起愛與悲憫的話題，就不可能不討論到勇氣。只有勇氣能讓我們掙脫觀念的局限、情緒的窠臼，還有內心的恐懼。在任何一種特定的處境中，我們都可能受苦或不受苦，但悲憫的意義就在於我們要做好受苦的心理準備，要把其他人的福祉置於我們想避免不適的心情之前。這是大部分家長，特別是小小孩的家長，每天都在表達的。但不是家長的我們也同樣可以進行這樣的態度訓練，並藉此來強化我們內心的一顆顆種子。

練習

在握手練習中，我們學過要如何療癒我們心靈與感覺世界之間的連結。這種連結的其中一項效應便是良好的溝通。我們可以利用這種連結治癒並滋養我們的本質愛。但我們也可以利用這連結去發展我們的愛與悲憫。一旦我們具備了這種好的連結，我們就可以創造出一種廣大、悲憫的思緒，並使其充滿我們的感覺世界並向外輻射。我們還可以抓著一種感覺並利用思想完成其升級或擴張。

試試看 舒服坐著並沉澱進自己的身體與感覺世界中。試著與本質愛所代表的基本幸福感建立連繫。然後想著：要是所有的生靈都可以擁有幸福、都可以平安無虞、都可以出人頭地，都可以心想事成，那該有多好！試著讓這種思想瀰漫到你感覺世界的每個角落，然後令其化身為一種願景朝四面八方發射出去。

修心

在我所屬的傳統文化中，我們非常珍視一種叫作妻炯的修心訓練。在這種修練中，我們會實實在在捲起袖子，拿出邏輯、理性、勇氣跟毅力去挑戰我們的自我。畢竟，主要造成我們的愛與悲憫被掩蓋，以及讓愛與悲憫在被表達出來時陷入偏見與歧視的，就是我們那個包含了自我中心與狹窄視野在內的自我。這裡我們說的是那個人人都有的「自我」，那個「把我放在第一位」，動輒就會在自我膨脹與自我貶抑之間翻來覆去的自我。自我往往會珍惜我的需求，珍惜那些我認為「屬於我」的人跟事物，而看輕那些被認定「屬於他人」的人事物。我們常會把這種敝帚自珍的心態總結為：我、我的、我的東西。我喜歡將之想成我們在內心哼唱的一種旋律，我們會從早到晚對著自己歌頌：「我，我，我，我比什麼都要緊。」

心理訓練有許多類型，但有三種格外適合我們拿來中和掉上述的「敝帚自珍」。這三種訓練分別是：尋得人我平衡；調換人我立場；惜人甚過愛己。其中第一樣人我平衡牽涉到去思考自身與其他生命的基本平衡。記住，是人都想獲得幸福、不想吃苦，這點大家都一樣，無關乎長幼、貧富、教育程度。在這種共通的基本人性面前，我們在性別、種族、出身背景、性傾向、宗教信仰、國籍、族裔上的差異都不算什麼。當然今天放在別的脈絡下，這些差異可以非常顯眼，但如果暫時把這些個別的生活經驗差異放在一邊，基本上我們都有著如出一轍的存在平台——我們都必須面對生老病死的生命過程。這些算是人生在世的基本規則——在生老病死的面前我們都是兄弟姊妹。

尋得人我平衡

首先採取一個舒適的姿勢，帶著意識放鬆。想著那個在內心深處想要幸福而不想受苦的自己。接著想著那些在內心深處想要幸福而不想要受苦的他人。藉由這樣的比對去認清你與他人並無差別。讓表面的差異消解在你與眾生的根本平等中，消解在你對這種根本平等的深刻體悟中。想著所有生命都有追求幸福的基本權利。讓深切的關懷與悲憫為了芸芸眾生而滿溢，然後進一步將之向外發送出去，藉此祝福所有人一切順利。

調換人我立場

第二種修心，就是要進行人我之間的立場交換。這就像去想像「穿著他人的鞋子走上一英里路」。你要設法進駐他人的處境、心境與生命，要去想像他們的感受、念頭與掙扎。你愈是理解他們，你就愈能「設身處地」。由此即便他們傷害了你，起碼你也能理解他們遇到的問題、他們的出身，還有他們為什麼生氣。這點做得好，你就幾乎變成他們的分身。看著他們的境遇，你就能看到什麼叫禍福相倚、環環相扣，你就會益發理解他們是在什麼樣的條件與動機下這麼做。而你愈是理解他人的處境，你就愈能對他們抱持同情心與同理心。這種心靈訓練還有助於我們破除並消弭驕傲與羨慕等情緒。

我們之所以無法對某種處境秉持悲憫的胸懷，往往是因為我們不甚明白其來龍去脈。調換人我立場的一個缺點就是我們會不知道該怪誰。大部分生命都充滿了苦難，這就是何以人會惡形惡狀。我們不用認同他們的行為，但我們也無需欲誅其心地恨他們入骨。我們可以在絲毫不苟同他們行為的同時悲憫他們。他們的行為源自無知，但這種無知並非他們所選——他們控制不了那麼多。若能把這種想法內化，我們心中就再不會升起真切而扎實的恨意。我們會稍稍嘔個氣，但不會長久恨下去。我們會明白無知才是一切的罪魁禍首。

首先帶著意識放鬆。想像某人處於困境當中，再想像今天身處於那困境中的是自己。想像你會有什麼感受。想像你會在心理、情緒與生理上歷經什麼樣的掙扎。任由深刻的關懷與悲憫澆灌在你的整副心靈上。將那些感覺延伸出去，首先鎖定你一開始想像的那個人，然後再向外擴散到芸芸眾生。持續更換不同個體的不同處境去反覆這個過程，選擇你愈不能同理的個體效果愈好。

惜人甚於愛己

第三種修心叫作惜人甚於愛己。這牽涉到你要去思索這世間有多少個「他者」，又有多少個「我自己」。不意外地，我們會經過思索後認定世間只有一個我，有數十億個他人，還有無數的各種生靈。然後我們要問：何者更為重要？一條生命的幸福還是無數生命的幸福？接下來我們就懷著這種念頭坐著，一直坐到對他人的深刻關懷從內心滿溢而出。這將有助於讓各式各樣的自私與自我中心難以在我們的心間立足。

首先以放鬆的身心進入意識裡頭。反思世間有多少動物與植物生靈，再想想世上有多少個你。捫心自問何者更為重要？一條生命的幸福還是無數生命的幸福？想想你對自己有多少的關懷與在意。想像這些關懷與在意的心情如漩渦般向外而非朝內擴散而去，想像這樣的關懷能服務到所有的生靈。

感激

讓自己認知到你的身體是眾人共創的產物。你確確實實是其他人創造出的生命。你吃的每一餐飯、喝的每一杯水、獲得的每一個讓自己能撐下去的機會，都來自於他人的善意。想著你不靠別人根本存在不了，也存活不下去。

反思 得了這麼多人的恩惠，要是我能報恩該多好！要是我的身心與能量還有所有的付出都可以澤及他人，該有多好！但願我所做的每一件事都能迴向成他人的幸福自在！

握手與表達愛

一個常見的問題是：「假設我們還有很多美麗怪物等著要去握手，那我們還能去表達悲憫——嘗試助人嗎？」

當然能！你當然可以雙軌並進。只要我們意識到自身美麗怪物的存在並鍥而不捨地去連繫上本質愛，那我們就永遠可以對人伸出援手。我們可以持續助人，持續把各種負面的副作用降到最低。我們或許需要稍微多留意一點點，多發揮一點點正念，藉此來避免各種不良的副作用——包括由我們的悲憫去觸發空虛感、仇恨或復仇的意念。路總是有好有壞，但沒有不能開上去的路。路況要是顛、要是簸，我們就多小心，多注意便是。

這種練習可基本分成兩部分——一是視需要反覆連繫上作為基礎的本質愛；二是在愛與悲憫之中進行實際的鍛鍊。理想的狀況下，我們要讓這些冥想與反思與其他的冥想輪流進行，好讓本質愛也可以騰出手來扮演其他冥想的基礎。要是偶爾無法與本質愛連上線，那就請你使用從握手練習中湧出的任何一種情緒。這些思索與冥想必須再三反覆進行。

按慣例採取舒服的姿勢，或坐或臥，背部打直，大前提是力求放鬆。首先將意識安頓進身體。讓有了身體依託的意識得以拓展到感覺世界裡一會兒。試著與存於感覺世界底層的基本安泰連上線。試著去留意發生於感覺世界表層的任何一件事，以及其底下的任何一種微妙的暖意或安適。要是你能連繫上本質愛，那就令其浸滿你的整副身心。滋養你與本質愛的連繫。要是無法連線也無需擔心，跟正在發生的任何一樣事情握手，再接再厲。

然後，反思與你的心距離最近的生命

一如以往採取舒適的姿勢，在放鬆中進入意識。在腦海中召喚出你對其有愛、有溫柔、有情意的人或動物。讓這些感覺溢出並填滿你的感覺世界。然後讓那個人或動物的影像消融，但留下愛意。接著嘗試將那些愛意延展到其他的生命上，首先從離你最近的一圈生命開始，然後讓球體的半徑愈放愈大，包含的生命愈來愈多。想像一下你不只能對特定的生命感覺到愛，還能對所有生命感覺到強烈的愛、悲憫與情意，那會是多棒的事。

反思中性的生命

如常採取舒適的姿勢並以放鬆當作起點。在腦中想著某個陌生人或中性的生命，某個你沒有特定正面或負面想法的人物或動物，然後試著針對他們產生一種深刻的關懷或關心：「願你幸福，願你安詳，願你無恙，願你發熱放光。願你達成所有的願望。」留意你在為陌生或中性的對象產生這些強大祝願時，有什麼樣的感覺。然後把不計其數的陌生人與世間所有的中性生命通通帶進內心，想像一下對他們全體抱持深刻的關心、關懷與悲憫，是多棒的事啊。

反思你拙於面對的生命

採取舒適的姿勢並帶著意識放鬆。心裡想著那些為難你的人、你不喜歡的人、與你為敵之人、惹你生氣的人。試著去思索他們的掙扎、他們的處境、他們的苦難。他們多半也想當個好人，也想讓別人開心，但最終就是不敵自身鋪天蓋地的負面情緒。試著把關心與悲憫用在他們身上。讓悲憫與關懷溢出並充滿你的感覺世界。想像一下對所有你拙於面對的生命都抱持這種關懷與悲憫，是多美好的事情。

丹尼爾・高曼：原理

內人塔拉跟我曾有幸與措尼仁波切及他的一名恩師阿帝仁波切共處過幾星期。當時我們人在一座離上海不遠，從中國大陸可以搭渡輪過去的普陀山島上。

在西藏人的說法裡，普陀山是悲憫女神度母的居所；我曾聽說拉薩的布達拉宮就是從普陀山得名。對中國人來說，普陀山島上住的是觀世音菩薩，也就是漢族版本的悲憫女神。普陀山幾百年來都是信徒的朝聖地。

在離開飯店要踏上返家之路時，我們遇見了兩名西藏僧侶，其中一人拄著粗糙的拐杖一跛一跛地走著。他的一條腿上嚴重化膿感染，為此，他需要手術費接受截肢治療才不會有生命危險。我記得那名僧侶說他需要大約一千五百元（人民幣）。

我想都沒想就從皮夾中抽出一千兩百元人民幣——我身上幾乎全部的現金——把錢給了他。

阿帝仁波切臉上的表情告訴我，他全心讚許我的善舉。

那段經驗讓我想起了我與阿納加利卡．慕寧達（Anagarika Munindra）的一次交流。慕寧達是泰國森林派的一名導師，居住在佛陀得道之地，印度的菩提伽耶。慕寧達出身「孟加拉巴如阿」這個種姓，該種姓的成員宣稱他們從釋迦牟尼佛在世的時代就已經信仰佛教。當慕寧達居士看著我時年三歲的孩子把錢遞給當地的乞丐時，他便連著三聲說「聖人、聖人、聖人」，意思是他目睹了值得稱頌的義行。

按照他的解釋，像這樣捐助他人不僅受捐贈者受益，付出之人也有慷慨解囊帶來的福報。須知樂善好施是佛教教義中的一種「波羅蜜多」，是種備受讚譽的高尚人格特質。

愛與其種種扭曲、糾結是當代心理學中的核心問題，更是心理治療關注的重點。以兒童的身心發展為例，現代心理學在對其進行觀察時，就用上了所謂的「依附理論」，該理論分析人在童年階段因著照顧者的能力（或無能）而形成的安全感模式、焦慮連結，乃至於情緒迴避。在這層意義上，好好去愛的意思是與兒童產生連結，藉此滿足他們的生理與情緒需求。最終這些情緒模式將能被追蹤到成年期，並在與愛相關的人際關係中重新浮現。

但是，對於仁波切助我們發展出的那種愛與悲憫的練習，現代心理學能說的就乏善可陳了。一直到近年，隨著正向心理學的出現，心理學作為一科學分支才開始探索悲憫的內涵。在二〇〇三年一場由心智與生命研究所舉辦的對談中，達賴喇嘛對理查・戴維森提出了挑戰，他希望戴維森能用他的腦部研究工具來研究悲憫。但會後直到二〇〇八年，戴維森才得以發表了標題裡有悲憫一詞的科學論文。[19]

達賴喇嘛長年敦促心理學家去研究這種不涉及依附或依賴的愛。早在一九八〇年代一場由心理治療師出席的會議上，達賴喇嘛大為驚訝地獲悉西方一個很常見的問題，即人會自我批判，甚至會達到自我厭惡的程度。[20]在他自身的母語以及其所屬傳統的古典語言（梵語與巴利語）中，悲憫一詞的指涉對象皆涵蓋自己，但在英語中，compassion 的指涉對象卻只有他人。他說英語需要增加的一個新字是 self-compassion，也就是自我悲憫。這之後又經過許多年，美國心理學者克莉絲汀．涅夫（Kristin Neff）才展開以自我悲憫為題的研究。

如我在另外一本著作《專注的力量：不再分心的自我鍛鍊，讓你掌握ＡＰＰ世代的卓越關鍵》（*Focus: The Hidden Driver of Excellence*）中所說，科學對我們悲憫之舉背後原理的理解，必須始於同理心與悲憫之間的重要區隔。研究顯示同理心有三種，而且每一種都各自立基於不同的腦部迴路。[21]

第一種廣為人知的同理心類型是認知，也就是我知道你眼中的世界是什麼樣子，我明白你的觀點，我可以從你的角度看事情，我甚至明白你使用的語言——或說得專業一點就是我懂你的「心理模型」。這讓我能使用你最能理解的語言來跟你溝通；認知型的同理心可以讓溝通更加順暢。

第二種同理心是情緒型的同理：我知道你的感受，因為我也有相同的感受。這種同理心會啟動屬於情緒神經科學研究焦點的腦迴路，其中情緒神經科學研究的是大腦如何吸收跟回應他人的情緒。情緒同理一方面可以創造出與人的強烈羈絆；一方面也可能導致「同理痛苦」，也就是你會跟別人一起難過、一起受苦。

同理痛苦已經成為醫療等專業領域中一個常見的問題，像護理師會遇到痛苦、氣憤或者已走投無路的病人，這些感受都會同步到護理師身上。要是護理師天天如此，長久下來她或他就會在情緒上陷入疲乏或燃燒殆盡的狀態——甚至會因此退出這個專業職場。情緒問題造成醫療人力的損失已成為醫護產業的一大困境。

對於這種與人偕苦的狀況，一個處理辦法是眼不見為淨，這包括你可以真的把視線撇開，也可以是在內心創造一個心理上的距離。其中真正把視線撇開，會讓無家可歸的街友感受到極大的痛苦，他們說自己在街上真的就跟隱形人一樣。第二種在情緒上疏遠距離，則會十分不利於包含醫療在內的服務業，因為這會讓其從業人員保持在一段心理距離之外，處理來自病人的壓力，而這種距離會讓人生起嘲笑、漠視病人之心，亦會失去關懷病人的能力。

接著，有研究檢視了冥想可以如何改變我們同理人的能力。威斯康辛大學的腦成像實驗室針對長期冥想者進行了研究，並檢視他們在生成悲憫之心時的狀態，結果顯示他們在看到人受苦的照片時——像是火災受害者的皮膚因灼傷剝落的情況——他們腦中的杏仁核與相關迴路比起不冥想的人有更大的反應。這顯示他們自身的痛苦腦迴路被提升了敏感度，以至於他們的情緒性同理心高人一等。

杏仁核的作用就像是一個「異狀」偵測器，靠著它，我們方得以注意到何種當下有何事緊急——像是有人陷入危機。配合杏仁核，腦部另外一個區域島葉會發出訊息給身體各器官，做好因應緊急狀況的準備。

所以相對於撇過頭去眼不見為淨，冥想者反而會進入一種隨時可以助人的狀態。要明確了解這當中都發生了什麼事，可以參考由德國普朗克研究所（Max Planck Institute）進行的一系列研究，那兒有一位極富經驗的冥想者馬修・李卡德（Matthieu Ricard）接受了腦部的掃描；他一邊看著燒傷患者處於極大痛苦中的照片一邊接受掃描。

李卡德一被要求對那些受苦之人進行同理，他自身的痛苦腦迴路就亮了起來。但當他接著被告知要帶著悲憫之心去看待那些人時——抱持愛意去面對他們的苦難——他的腦部就啟動了那些負責正面情緒跟與人拉近距離的迴路。

這種與他人的苦難同步的能力，似乎是一種經過練習就可以長期保有的好處。志願者在參與過一次為期三個月的閉關修行後，曾立刻轉變為看著人受苦的照片但沒有將頭撇開，而七年後的他們依舊比常人更看得到人的苦難。

普朗克研究所的學者循著這個思路，招募了志願者去針對他人的苦難培養悲憫，而另一群則只單純地嘗試同理。結果受過悲憫訓練的志願者都展現出相同的腦部運行模式——情緒性同理心增加了他們在面對他人苦難時的痛苦情緒，而悲憫之心則可以讓這種痛苦獲得舒緩。22

悲憫的力量存在於第三種同理心，精確地說叫作同理型的關心。這種同理心會啟動一種非常獨特的神經迴路：我們與其他哺乳類大腦共有的照護迴路——那相當於父母對孩子的愛。這種迴路會在我們對任何人懷有愛意的時候啟動——伴侶、家人、朋友都行。回想某個為人父母者是如何處理在耍賴的小孩。他們不因為小朋友生氣就跟著生氣，帶著愛心的爸媽會能同理孩子苦惱的事，但也會把底線踩得溫柔而堅定。這種與人的痛苦同步但又不失關心的組合是可以訓練的，你需要的只是透過練習去培養悲憫之心。即便只是簡短幾回合的悲憫訓練，相關的腦迴路都能因此變得更加強韌。

這種對他人苦難的高敏感度與關心，也屬於一個意想不到的族群：捐腎給陌生人的那些捐贈者。針對這些悲憫之心的典範，腦部掃描顯示他們傾向於在杏仁核裡有一個放大的區域，而這似乎會讓他們比常人對別人的苦楚更敏感，這種形式的同理，最終也讓他們願意做出與眾不同的利他之舉。

除了強化同理心，培養悲憫還有著更多的正面效益。比方說威斯康辛大學的戴維森實驗室把受試者隨機分成兩組人，一組反思自身情緒問題的成因，另一組進行悲憫的練習。結果悲憫組在之後的慷慨測試結果中，比另一組大方一倍。[23]

在線上進行僅僅兩個半小時的悲憫練習，也顯示出類似的成效。相較於花同樣的時間只是做伸展練習的另外一組志願者，練習悲憫者在事後的慈善勸募中慷慨得多。24

這些效益似乎專屬於各式各樣的悲憫培養，而不屬於其他類型的冥想。比方說，當有誰進行了一種能讓他們對自身思緒與感受的後設意識（意識到自己在意識）變得更敏銳的冥想，那部分注意力的腦迴路就會變強，但他們並不會因此變得更加利他。總歸一句就是：你要是真有心變得更慈悲，更溫暖，那悲憫之心就是你必修的學分。

悲憫之心還附帶一項意外的好處：我們的幸福腦迴路會一併被啟動，悲憫者能夠從悲憫中得到快樂。達賴喇嘛常說：「悲憫的第一名受益者，就是悲憫者自身。」

即便是短到不行的悲憫練習也似乎可以促進人與旁人的羈絆，並讓他們的腦部初步開始呼應起長年修練悲憫者的神經變化。我們似乎為一顆溫暖的心擁有著「生物性準備」，就像小朋友學起語言的那種迅速上手。人一生中有愈高比例的時間用來練習培養悲憫的胸懷，他們似乎就能變得愈加慷慨與溫暖。25

許多亞洲國家的人民都奉觀世音為代表慈悲的女神而景仰之；在西藏，相當於觀音的存在的就是度母女神。她的名諱直譯就是「聽取世間芸芸眾生的聲音來救苦扶難」之意。

第七章

冷靜與明晰

措尼仁波切：實作

多年前丹尼曾邀請我去舊金山一家高檔飯店吃晚茶（high tea，較晚的下午茶）。我當時剛自印度抵美。我一進到飯店，沒人把我當陌生人。在我老家，他們會從頭到腳打量你，就連服務生都不例外。頭幾分鐘你會很不舒服，因為所有人都盯著你看。在我出身的國家，直盯著人瞧不是什麼大問題。接著等你坐下，一名服務生會過來幫你點餐，然後閃人。閃人是真的閃人。他們幫你點了餐就不知道去哪兒了。沒有人會過來關心你的死活。你要是有別的需求，你得自己去找人、大聲喊人過來。

場景換到舊金山，他們不會問太多問題。他們既安靜又有禮貌，他們不會在你面前煩人，也不會直盯著你瞧。我正要入座，身後突然有個人幫我把椅子往後拉。我忍不住開始東張西望，因為這些經驗於我實在太新鮮了，但我也沒看到什麼服務生——沒有誰在那兒晃來晃去。然而，就在我左看右看了一會兒之後，還真有人冒了出來：「先生，有什麼能為您服務的嗎？」他們不會杵在你面前，但遠遠地他們其實有在關注你、關心你。這是第二件讓我驚訝的事情。

此時我已經開始好奇他們會怎麼把食物送上來。在印度，上菜是一件不太修邊幅的作業，服務生總是會你撞我我撞你。我心想，這裡會是怎麼個上菜法呢？服務生移步過來，一手優雅地端著盤子。沒人會擦撞，他們放下菜餚的手法也堪稱完美。他們眼裡永遠意識著彼此。他們的顧慮周全到讓我暗忖：哇，我也算學過幾天正念，也算略懂什麼叫全心全意注意當下的一切，但這裡是正念真正上演的地方。

這裡的一票服務生都展現出了什麼叫全景意識與專心致志的正念，他們的視野既寬又窄，窄在他們能把湯放在桌上剛剛好的位置；寬則寬在他們像背後有長眼一樣，永遠知道背後有誰。要是視野只窄而不寬，那他們就會湯放得很好但不知道有人在背後；要是只有寬，那他們就會能夠綜觀全局但小地方差強人意。結論是他們的洞察力窄寬皆宜。

這種可近可遠的觀察力若加以練習，絕對能夠讓我們受益。我們將可以藉此解決各式各樣的問題。說到問題，有時候我們是真的會撞上「物」，也就是具體的東西——但大多數時候我們會撞上的是「事」跟「人」，也就是各種處境跟形形色色的個體。每天每天，正念都可以幫助我們解決因為不夠專心與意識不足所導致的困境。

至此我們已經花了很多篇幅討論身體，也討論了感覺世界。我們談到了將放鬆的心思安頓在身體裡，談到了壓力與能量，談到了與自己的感覺及情緒握手，也談到了與我們與生俱來的本質愛及基本福祉進行連結。如今時機已到，我們該討論心靈了。心靈自然是冥想中的一大焦點。其實傳統上介紹冥想都會從心靈談起。從身體的討論講起，接著延伸到感覺世界，最後才拉到心靈——是我特意的安排。

我之所以這麼做，是因為我覺得這樣比較不會使得我們略過或跳過自己的感覺世界跟情緒。吾友約翰・威爾伍德（John Welwood）是一名教授精神繞道的治療師，他專門教人使用冥想等方法去避開痛苦的情緒現實。但情緒繞道亦可能導致各式各樣的精神、情緒與社交問題——而且也達不成任何效果。所以本書的前幾章才會設計來幫助我們用一種誠實、接地的方式去連結上身體與感覺世界。但此刻我們也該開始來面對自己的心靈了。

要處理心靈問題，我們首先可以了解一下人類心靈的運作方式。在我出身的傳統文化裡，心靈有著千姿百態——事實上，我所屬的傳統有著數千頁與心靈相關的分類文獻與描繪，其中不乏深刻而精準的見解，連我自己也會在上課時提到一些。只是我不認為我們有必要知道那麼多理論，這裡的目標只是要處理好心靈罷了。我們只需要一個實用的模式來當作起點就行。

心靈的四種表達方式

雖然心靈的模式所在多有，但我覺得有一種以傳統觀念為底的簡單模式最為適用。有時候太多深奧的理論只會礙事而已。

基本上，心靈的自我表達有四種方式：認知、思考、意識、明晰。認知是自動發生的程序。一旦我們知曉了某件事情，認知的過程就自動完成了：紅花有著紅色的外表，而其本質是一朵花。大部分時候，我們都不需要刻意去認知或分析這個世界。這樣的認知過程是持續性的，是下意識的，是不需要外力驅動的。即便我們的心思被占據著，那也不妨礙我們在飛機從頭上飛過時，自動認知到那是一架飛機，因為噴射機的引擎聲是一種我們已知的標籤。

思考是很直觀的，我們都知道思考是什麼。我們一個個都是思考的專家；每天在我們腦中來來去去的思緒不下數百萬筆。但主動且刻意的思考跟自行冒出來的思緒有不可忽視的差異。有時候我們會主動積極地進行思考——我們思索著一件事情。有時候，思緒則是自然而然地跳進我們腦中。以我出身的文化傳統而言，當思緒自己跳出來時，我們就當它是跟聲音或氣味一樣的感官客體。

進入意識的層次，事情就比較微妙了。正念出自意識。正念牽涉到一點注意的功夫。有時候我稱之為「雙重認知」——我們認知著我們正在認知一件事情。我們認知到花，但我們也可以用正念去認知到我們在認知花。正念幾乎跟意識是一體的兩面，但意識還有潛力可以在私密與全景角度間切換。人人都有意識，但不見得人人的意識都可以展現出這樣的潛力。經由刻意的努力，正念就能與意識合而為一。在本章中，我們會混用正念與意識，因為這兩者實在太相似了。

明晰是我們心靈中獨有的特質，它負責的就是將心靈與其他現象區分開來。明晰就像心靈的基本物質；不論是認知、思想與意識，其基本的原料都是明晰。這裡的明晰，跟我們平日所想——她這人腦袋很清晰，或是他們的思路真的很清楚——是不一樣的東西。此處的明晰比較是更基本的東西，是心靈的基礎背景——一種讓人保持清醒的特質。細看心靈本身的成分，我們會發現那些東西既不無聊也不陰暗，反倒有一種亮度存在。我們能體驗到沉悶與黑暗，同樣是因為明晰。少了明晰，我們就體驗不到什麼叫無聊得昏昏欲睡，因為沉悶其實就是明晰的亮度變暗的結果。按照我出身的傳統，明晰的特殊性定義了心靈。心靈以外的其他現象都不具有這種性屬基本、有亮度的明晰。

性屬正念的意識

這方面我們主要的練習工具是性屬正念的意識。意識代表兩種特質——意識到他者跟意識到自身。意識到他者意謂著意識到客體，包括有形且可由官能察覺到的具體物質，也包括無形如思想與心理狀態等抽象事物。意識到自身意謂著意識能知曉「意識」自身的特質。對我而言，正念練習的目的是要讓自己意識到意識本身。

做不到這一點，我們或許仍能保持意識的能力，但我們可能就無法意識到自己具備意識的能力。這就像我們光有眼鏡是不夠的，我們還得記得把眼鏡戴上，否則眼鏡就幫不了我們。要是我們欠缺對自身意識的意識，那意識在我們身上就會無用武之地。少了正念，意識就不會成為我們人生道路的一部分，因為我們不懂得將之拿出來使用。所以說正念的意義就在於讓我們知道要去善用我們內建的意識。

既然正念如此重要，那我們就要問它究竟是個什麼東西，我們又要如何加以鍛鍊？在佛教的世界中，正念的傳授是不分流派的共識。相關的描述與定義所在多有。在我所屬的流派中，正念往往會被描述成去記住什麼、去注意到什麼、或是去再三想起什麼。某種程度上，正念是件很單純的事情。木匠要用正念去記住、要注意到、要再三想起的，是木頭與刀鋒。廚師要用正念去記住、要注意到、要再三想起的，是火候、調味、口感、時機，還有做菜時的種種細節。我們忙這忙那的時候會自然而然地使出正念。但如果是我們沒有在忙的時候呢？

換句話說，單獨存在時的正念是什麼模樣？我們要怎麼鍛鍊這種獨立的正念？傳統上我們會講到正念的四大根基是「身、受、心、法」——亦即對身體、感官感受、心靈與對思想與影像等心理產物的覺察。這些都屬於我們可以在其中建構正念的範疇。正念意謂著用單純而不受干擾的注意力去鍛鍊心靈。我們可以任選一樣體驗當作起點——像是我們走路時的腿部運動——然後慢慢累積進步到可以涵蓋我們能感受到的任何一種體驗。用白話說就是，靠著正念我們可以變得更身處當下，更意識到我們內裡與周遭在發生著什麼。正念作為一種新的習慣會慢慢取代分心或放空的舊習慣，慢慢讓我們不會迷失在挽不回的過去跟到不了的未來。

思緒與情緒可以是一道挑戰，而正念是我們從思緒與情緒的內裡跟周遭尋得空間的強大助手。像是你若知道你在生氣，你就能在正念中意識到這股怒氣。就以我的弟弟明就仁波切用過的比喻為例，你要是能看見河流，你就不會溺死在河裡。換句話說，要是你能意識到自己分心了，就等於你已經不再分心。最終我們可以時常意識到正念，於是正念與意識就會消弭於無形。正念就是意識，意識就是正念。接著我們的練習就會宛如進入自動導航。偶爾我們會需要讓正念啟動，啟動後意識就會接手。那時候，我們就不需要執著於正念二字，因為正念的工作已經被意識擔下來了。

一旦我們用這種辦法進入了意識的境界，人就能整個放鬆下來，心靈也會獲致更全景的視野、更包容的心態。一般而言，正念都是比較狹隘且聚焦在某件事上的，我們會因著正念而意識到某項事物（甚至連一個想法都可以成為這種正念關注的對象）。但我們還是必須從正念出發。隨著我們朝著意識前進，正念就會變得不那麼狹隘，不那麼只聚焦在特定物體上。這種過程推到極致，我們就會益發體驗到沒有邊界且澄澈的開放感。這種鍛鍊始於狹隘，並在一片寬廣中自然消散。而包含精準性在內的狹隘元素，仍會存在於寬廣中。我在西方從事教學工作所注意到的一件事是當人變得寬廣之時，他們會覺得自己已經喪失了正念。然後他們就會從寬廣中出走，又回復到狹隘的狀態。所以我們必須知道出了正念的邊界……就是意識。

牧羊人、羊群與繩索

很多與我同屬一個傳統的冥想者，都有著在西藏放牧牛羊的出身，畢竟在那兒大多數人都是高原上的牧羊人或牛仔。所以他們對與牲畜相關的隱喻都很有親切感。關於正念意識的練習，有一個老派的比喻是，那就像用繩子把羊群繫在樁上，然後旁邊有名牧羊人在看著。我們的心靈就像那群羊，而正念就是繩子，意識則是牧羊人。跟羊一樣，我們的心靈會時而冷靜、時而躁動或晃蕩。繩子可以直接拉住羊到某個點上。針對呼吸、感官感受等目標發揮的正念就像可以把我們的心靈繫於支柱上的繩子，讓心靈的行動被限制在一個範圍內。牧羊人的視野會比較全面，他會綜觀全局，而不會聚焦在特定某頭羊的特定步伐上。意識持有的就是一種全景式的觀點，它會用放鬆而開放的方式去掌控全場。

在養成正念意識的習慣後，下一步就是安頓與專注——有時候被稱為寂止，也就是在不受干擾的寧靜中安住。這個在梵語中被稱為奢摩它（shamata），在藏語中被稱為「息內」（shiney）的操持，是在佛教各門各派中都廣受喜愛的修行。其主要的方法有兩種：涉及或不涉及事物的安頓。但不論是哪一種，其重點都是要朝著平靜、清澈、專心、柔軟的境界邁進。這種練習會藉著正念的力量讓你的注意力不斷回到選定的事物上（像是你的呼吸），直到你的心靈能愈來愈安頓到一個點上，也就是所謂的「一境性」。這種鍛鍊需要時間跟耐性，因為我們一般都不會習慣於這種放鬆跟專注的結合。

在本章之前登場的，所有以身體或感覺為基底的練習，都是以一種非常開放的態度去歡迎所有發生的事情。但在奢摩它的例子中，我們要學習的是對自身經驗中的某些面向說好，但對其他面向說不。我們是要建立一種觀點、一種我們可以秉持下去的視角。某種程度上我們是要對干擾說不而對安頓跟專注說好。我們要反覆擁抱我們選定的事物，而排斥則會吸引我們心靈注意力的雜訊。

此時此刻

無物的安頓就比較微妙了。這種狀況下，我們甚至沒有一個物件來錨定我們的注意力，只能憑著一股當下的感受去進行安頓，這代表我們得對任何發生的事來者不拒，但又要在此時此刻保持著專注。

我們在此想培養的觀點或視角，即為清澈而無雜念地處於當下。清澈，是因為心靈的基本澄澈獲得了確認與支撐。沒有雜念，是因為這個練習不是要你去刻意思考或積極想著什麼。一個重點是無雜念在此不等於你腦中不冒出任何念頭，而是意謂著這個練習本身不是個思考性的活動。

思緒自然而然地冒出來跟消失不見，都是可以接受的，那就像聲音、天上的雲朵，還有水面的泡泡一樣，都會自然地來來去去。重點是我們試著維繫的那種視角不能是腦中的一種論證，那只能是一種天然清澈而無雜念干擾的當下之感。思緒作為當下的一環既可以也一定會跳出來，然後消弭於無形。不論有或沒有一個可以聚焦的客體，我們都照樣可以維繫住這種觀點。

記住一件事：當我們剛開始進行這種心靈鍛鍊時，動輒就會分心是很正常的事情。不用因為自己分了心而大驚小怪，我們只要輕輕地把注意力拉回來就行。無需自責，無需硬要把某個思緒喊停。只要我們注意到自己分心了，就等於我們已經恢復了正念，也就表示我們可以找回自己的心靈。我們不用相信那些念頭：我就是個差勁的冥想者。搞不好換別人來就會成功，但我就是會失敗。這些想法很正常但並非事實。要是自責、挫敗、想放棄的心緒冒了出來，試著與它們握手。在握手與安頓兩邊輪番替換是可以的。我們或許得把心靈拉回來千次萬次，但同時就是在建立一個新的習慣——毅力、耐性與反覆練習都是該付出的投資。

一開始我們可能只能專注在選定的事物上一兩秒。這很正常。慢慢地，我們不受干擾的能力會進步，不分心的時間會拉長。到了某個點上我們會達到專心一志的境地，也有人說那叫作「合一」。這種訓練有很多好處，像是冷靜與專心。另外一種成果是彈性，意思是心靈已經不再處於隨便任何一種思想、感官感受、認知的壓力作用下，心靈已經找到了自己的獨立性與穩定，已經不再得屈從於其他因子。此時如果我們想把心靈置於某項事物上，我們是做得到的。如果我們想把心靈轉移到其他的事物上並停駐在那兒，我們也同樣是做得到的，因為我們狂野的心靈已經被馴服了。

阻礙

讓心靈安頓與專注的最主要阻礙是躁動與枯燥。躁動代表心靈因為能量過多而感覺到狂野與激昂並四處遊蕩。躁動的心靈裡滿是思緒在朝著過去與未來發射，由此我們會感覺到有股衝動想從椅墊上跳起來，想做的事情成千上萬。這是一種很常見的現象。我們許多人都過著快節奏且充滿刺激的生活。我們的心靈已經習慣了這種生活，以至於我們的身體可以坐下來專注於呼吸跟放鬆，但心靈還是靜不下來。

與躁動相反的阻礙是枯燥，也就是心靈能量過低的狀態。枯燥會讓心靈感覺昏昏欲睡跟沉悶，就像有厚厚一層霧靄籠罩在心上。這時我們會想要倒頭就睡，會想要看電視來麻痺自己。枯燥也一樣非常常見。在經過高度刺激與壓力洗禮後的我們，若想坐下來安頓跟專注，心上便會有殘留的疲憊表現為枯燥與困倦。

若想描述我們在這種練習中所經歷的種種階段，一個很好的隱喻是山澗拾級而下、直到與山下的湖泊融為一體。首先山間有一座瀑布，接著是激流，再來換成蜿蜒和緩的河川，最後則是平靜的湖泊。這些階段反映了我們的心靈是如何在訓練過程中體驗到思緒的流動。剛開始練習正念的時候，我們會感覺心靈的運作比之前更不受控。我們會覺得思緒排山倒海而來一波接一波。這被稱為瀑布體驗。我們可能會覺得，欸，我的心靈在開始冥想之前都還沒這麼忙碌跟狂野耶。這不太對吧？但其實我們的心靈並沒有比之前不受控，只是以前我們沒那麼關注心靈受不受控。瀑布體驗是一個好的徵兆；這徵兆的出現代表我們真正開始鍛鍊到了心靈。

一段時間後，思想的強度會稍稍開始下降。繁忙依舊繁忙，但不那麼鋪天蓋地。我們可以偶爾開始體驗到一些空間，稱作激流體驗。如果我們繼續鍛鍊心靈下去，心靈就會更加冷靜，更加舒緩，愈來愈多的空間就會開始穿插在我們的思緒之間。這被稱為蜿流體驗。此時我們的心靈會變得相當平靜。若持之以恆地鍛鍊，最終我們的思想會真正大幅放緩，進而長此以往地獲致平靜：清澈而不含雜念地專注於當下。這境界叫作靜湖體驗，並被視為一境性與合一性的起點。雖說不是每個人都有過這樣的經驗，但只要你能持之以恆地堅持鍛鍊自己的心靈，這種程度的身心安頓就並非遙不可及。

一些實用的小建議

本質上我們是在建立一種冷靜與澄澈的習慣。換種說法就是我們在學習在同一時間既放鬆又警醒。正常而言，當我們開始放鬆的時候，人就會進入一種遲鈍的昏沉狀態——像是手拿著遙控器陷進沙發裡，或是往沙灘椅一躺打起盹兒。反之，當抖擻起精神的時候，我們往往會感覺有點緊繃，躁動或焦慮。既放鬆又警醒是一種珍稀的組合，珍稀到我們或許根本不明白有這種可能性。這種習慣的養成無法一蹴可幾。要進行這種鍛鍊時一個必須謹記的重點是：少量多餐——每次練習不用長，但次數要夠頻繁。我們每次找到這種冷靜而清澈、放鬆但警醒的狀態時間都不會太久。但比起量，我們更需要質。大多數的人刻板印象中，一名「厲害的冥想者」該是一動不動往那兒一坐就是大半天，但心靈鍛鍊的現場並不是那幅光景。當想要長時間靜坐冥想時，我們往往不一會兒就誤入分心與昏沉的狀態。比起這樣，務實許多的做法其實是在較短的時間窗口內追求高品質的冥想，追求新鮮的正念意識。比方在二、三十分鐘的框架內，你可以將之切分成多個三到五分鐘的段落，段落之間休息大約一分鐘。我們保持鮮活意志的能力會緩緩地、自發性地拉長，這種修為的累積靠的不是意志力，而是反覆與習慣。

另外一個重點是保持平衡，不過緊也不過鬆。過緊會讓我們丟失冷靜與放鬆。過鬆會讓我們因為迷失而分心。這就像幫吉他調音。極致的音色追求的是恰到好處——不過緊或過鬆。這是一種我們得靠自己慢慢去體會的境界。我們必須再三在練習中進行調整來摸索出這種自然的平衡。

在維持正念意識時，偶爾躁動與昏沉是必然的。那不代表你個人做錯了什麼；九成九的冥想者都免不了這樣的境遇。躁動一來，你可以嘗試幾種補救方案，看看哪種跟你比較對盤。比方說你可以放鬆身體、放低視線。要是房內採光過亮，你可以試著調暗照明或拉起簾幕或百葉窗。你可以嘗試用披肩或毯子裹住自己的雙腿或全身；你還可以短暫休息一下，做點溫和的伸展，像是前屈，然後再重新恢復練習。感覺到沉悶的時候你可以稍微坐正，睜開雙眼，抬高視線。你可以除去層層衣著，開窗讓新鮮空氣湧入，甚至可以打亮照明。你還可以短暫休息，起身，搖晃一下身體，也許花幾分鐘走動一下，然後再重新嘗試冥想。

練習：正念的鍛鍊

關乎身體的正念

找出一個舒服的姿勢（地板上、椅子上、躺下），背脊打直但維持身體鬆弛不緊繃。首先放鬆心靈，單純處於當下一會兒，練習放下意識，將之安頓到身體裡，然後單純處於身體內一會兒。感受一下身體的接地性，也就是那種身體彷彿很扎實的感覺。當你在某種程度上能感覺到自己扎根在體內，且冷靜而放鬆之際，就由著你的意識去注意心靈天然的澄澈。試著保持體內這種既接地，又同時能意識到澄澈的狀態。你的雙眼可開可閉，試著去留意那種冷靜而清晰、放鬆卻警醒的狀態。任何時候一發現心靈已經漂流進入分心的狀態，就讓正念得以溫柔地回歸到身體的接地性。要是感覺你的冷靜已經鈍化，或是澄澈已經轉為躁動，就請調整一下你的正念。善用少量多餐的原則。

關乎感官感受與內心感覺的正念

首先一如既往，自我安頓到身體裡並稍事放鬆。由著正念的意識去包裹住感官感受與內心感覺。這可以包括溫暖或涼爽乃至於其他的生理感受，還有緊繃、放鬆、興奮等內心感覺。你不是要尋求特定的感官感受或內心感覺，而是單純地用正念與意識去體會當下發生的任何狀態。在持續放鬆並安頓自己在感官感受與內心感覺裡的同時，記得去注意那種能讓你體驗到感覺世界的天然明晰。讓正念意識保持既放鬆又警醒的狀態。當心靈遊蕩而分心之時，請使用感官感受與內心感覺的正念去溫柔地將心靈領回。還是那句話，少量多餐原則是你的好朋友。

關乎思緒與情緒的正念

同樣地，先將自己安頓到體內並稍事放鬆。接著讓正念意識去注意到思緒與情緒的升起與消解。通常，思緒與情緒會帶著我們岔出一系列衍生的思緒與反應。試著在這些思緒反應升起時保持新鮮的臨場感但不摻和其中。觀察著思緒與情緒但不被吸進去，這牽涉到一種微妙的平衡感。任由思想與情緒來來去去，我們只需保持意識但不起反應。心靈一旦渙散了注意力，就請溫柔地用正念去將之帶回。專注在簡單的事上——一次次在短時間內保持對當下思想與情緒的意識即可。如果有強烈的價值判斷與反應冒出來，且其「黏滯」的程度干擾到我們的練習，就花點時間去與之握手。

握手，代表你要將這些價值判斷與反應控制在性屬開放且接納的意識之中，不去抗拒、壓抑、縱容或忽視它們。不帶目的地去與這些情緒與反應稍事相處。讓握手與正念這兩種練習輪替著發生，效果會非常不錯。

隨著我們的正念意識愈發強韌，思緒與情緒就可以化身為我們練習的小幫手而不再是阻礙。早先我們常認為「好的」冥想就是要風平浪靜，就是要不受任何思緒與情緒打擾。但隨著時間慢慢過去，我們意識到這種祥和的概念太過局限了。我們慢慢了解到意識就像天空，而思緒與情緒就像從天空飄過的雲朵，它們本身不會打擾我們，反倒是我們想抗拒它們的心情會擾亂自己的內心。真正深刻的平和存在於那宛若天空的意識中，那是一種無關乎思緒與情緒存在與否的平靜。到了那個境界，思緒與情緒將成為幫手——我們不但不會受它們干擾，還能以它們為師。

安頓與專注

藉呼吸安頓

首先將自己下放到身體裡稍事放鬆。讓正念意識以呼吸為目標安頓下來。先長長的深吸一口氣，再長長地將氣呼出去，暢通你的呼吸道。接著恢復自然正常的呼吸，不再需要去控制什麼。跟著自己吸入的空氣從體外通過鼻孔、下到喉嚨、進入肺部。用感官去感受呼吸的整個過程。注意身體在呼吸完全進入體內後有什麼感覺。跟著要呼出的空氣離開肺、上到喉嚨，然後離開鼻孔來到外頭。留意這沿途的各種感官感受。留意身體在呼吸完全排到體外後有什麼感覺。由著正念意識一邊放鬆，一邊追隨呼吸進出身體。試著保持平衡——不要太緊也不要太鬆。讓你的正念追蹤著呼吸，也讓你的意識去留意心靈，看著心靈是如何安頓進冷靜與明晰，如何一派放鬆但又警醒。善用少量多餐的原則。

憑空安頓

一如以往先讓自己墜入身體中稍事放鬆。與冷靜跟意識的放鬆特質進行連結。然後緩緩睜開雙眼，留意心靈的自然澄澈。讓目光柔軟但開放，不要盯著什麼，不要聚焦在視野中的任何物體上。就這樣在沒有特定焦點的視覺中試著安頓自己於此時此刻的這個當下。各式各樣的感官感受、思緒與主觀感知，都會在當下來來往往。單純地在這些往來之間做一名有意識的旁觀者，不要介入，也不要有所反應。任由這些變動的印象如雲朵一般橫越天空。試著建立一種清澈而無雜念，屬於當下的視角。剛開始，每次只持續一下子心靈就會分心。覺察到自己分了心也沒關係，輕輕將心靈帶回到當下便是。鮮活感在這個練習中有其獨特的重要性。多次地去擁抱那安頓好的短短瞬間。一切以簡單為宜——冷靜與清晰、放鬆而警醒，寄存於當下。留意意識的全景性——放鬆、開放、清晰、自然而然的安頓。

丹尼爾．高曼：原理

我從事冥想已經有多年的資歷，我因而預期自己在冥想時會愈來愈善於避免思緒的入侵，但事實是念頭就是會前仆後繼來到我的心裡。

它們總是一而再再而三地出現，從來不曾缺席。可能單純是我沒把冥想練到家吧，我心想。然後來到練習正念的瞬間——但其實那更像是：可惡！又跑出來一個念頭！

但就在此時，我開始投身研究措尼仁波切所操持的冥想傳統，並從中意識到念頭本身並不重要，重要的是我與念頭的互動關係。在秉持正念的同時，我們可以讓思想順順地離開，不讓自己被捲入其中。

這種思想轉念的最大助力之一，是措尼仁波切所言的：「讓正念保持警戒！」這樣的一句訓誡，其實是出於初代措尼仁波切一首即興詩作中的一言。而我意識到這句在措尼仁波切之名中一脈相傳的箴言，從我投身冥想濫觴到現在這幾十年間，其實一直都是適用的。

大學時代開始冥想時，我曾用過一句曼怛羅（真言）來作為練習時專心的標的。我的心難免會在冥想時被某串思緒帶偏，而最終我會注意到自己閃了神並將自己的專注力拉回那句真言。每一次當我注意到自己的心靈飄到不知哪兒去了，都代表一次正念的彰顯。這種正念是一種順便，一種讓我把專注力集中在真言那一點上的輔助工具。

等我後來習得上座部佛教的內觀冥想，正念就被扶正成為了練習中正式的一環。我會跟從前那個專注於真言的我一樣，看著我的呼吸，而一旦我的心思偏了——我也注意到我偏了——我就會把注意力帶回到呼吸上。那是我起初接收到的主要指示。而我還是要再說一遍，這就是一個正念的瞬間。

到了比較後來的階段，我遵循的內觀指示是一概讓念頭或感覺想來就來、想走就走，全然不需要被其捲入。在此正念就是在站哨，就是在警戒著我們的心靈何時會被某串思緒捲走。

再後來，我又轉投了藏傳佛教的修練——一開始是追隨措尼的父親，祖古烏金仁波切，在他圓寂之後，又追隨他幾位有仁波切頭銜的公子，喬基尼瑪仁波切、慈克秋林仁波切、明就仁波切，還有不在話下的措尼仁波切。在此正念蛻變成了有點不一樣的東西。我不再需要額外出力去發動正念，在意識中休憩時，正念的雷達自會啟動掃描功能。

如今關於這種種冥想練習的科學發現持續穩健地產出，只不過在一九七〇年代我剛開始研究冥想如何幫助我們從壓力中恢復的時候，這些科學證據還相當薄弱。放眼今天，以冥想為題的同儕審查論文（包含特別專注於正念上者）每年的發表量都超過一千篇。事實上，近期我才跟在威斯康辛大學擔任神經科學家的老朋友理查．戴維森合著了一本書，當中就簡要地匯集了這些論文的菁華。[26]

我跟理查發現正念呼吸法似乎是最常被學者拿來研究的冥想之法。詳實的研究已經確立這種冥想在簡單之餘有著長串的好處。說它簡單，是因為它單純就是讓自己與呼吸的自然流動同步，純粹就是觀察呼吸之感官感受而不嘗試以任何方式去控制呼吸。

科學研究以不同說法反覆述說的一個重大發現就是：單純注視著你的呼吸並讓思緒來來去去（重點在去），就能產生一種深刻的放鬆效果。在藏傳佛教的世界裡，類似的做法被稱為「奢摩它」或「息內」，它們能讓你冷靜下來。

如今科學已經確認了這種能讓人冷靜下來的良好效果。但凡操持正念呼吸法之人，都能在日常生活中出落得更為放鬆，從負面情緒中恢復的速度也迅於不從事冥想之人。這種方法似乎能安撫人的杏仁核，由此我們就比較不會陷入或戰或逃的抉擇之中。

經年下來，你愈是投入時間到這種正念的冥想法中，你遇事就會愈冷靜。煩心之事就遠遠不會那麼常讓你陷進苦惱。而即便你陷進去了，那種苦惱也會弱化許多。而且——或許也是關於冷靜一事最大的好處——你將能更快地從之前的行為中回復過來。在心理科學中，這種從苦惱中恢復冷靜的速率就相當於你的「韌性」：恢復得愈快，就代表你的韌性愈強。

透過正念來專注呼吸的能力，還有更多其他好處。比方說史丹佛大學的研究就發現，若你原本專注在一項重要的工作上，半途卻停下來去回訊息或電郵，最終甚至跑去上網，那麼等到你回到工作上的時候，你的專注力將會有所折損。你將需要一段時間後才能將專注拉回原本的水準。但要是你那天可以做兩次正念呼吸，每次十分鐘——那你在多工後的專注力折損就可以降到最低或完全沒有。

另外一個由加州大學聖塔芭芭拉分校發現的額外好處是，當一群大四學生被隨機分派去學習正念呼吸法後，這群實驗組的學生在其研究所入學考中的成績被拿去跟不曾學習正念呼吸法的控制組比較，結果前者大勝。正念練習似乎改善了大四生的工作記憶，而工作記憶正是讀書學習時記住東西的關鍵所在。

另一方面，我想從自身經驗中分享一點建議給剛開始進行這種冥想練習的朋友。很多新朋友抱怨他們的心思會在冥想時一直跑掉，甚至有人會因此認定他們做不來這種練習——他們的心靈太狂野了。我自己身上就發生過這種事。

但事實上這可以是好事一樁：當我們開始注意到心靈中各種來來去去之念頭時——也就是當我們開始啟動正念後——我們就能看出自己的心靈竟如此經常分心。而這就讓我們朝著更警醒的正念，也朝著將晃蕩心靈加以馴服跨出了第一步。這當中的一個關鍵是要記住放手讓思想升起，不要隨它們乘上聯想的列車。

冥想的另外一個好處——更上層樓的明晰——出現在一群閉關三個月且每天修練六到七小時的朋友身上。[27]他們練習的是正念呼吸法（並同時培養慈愛與鎮靜等狀態）。在閉關期間與之後的好幾個時間點上，他們進行了一項測驗。他們會在測驗中看到不同的線段快速接連閃過，而他們的任務是：一看到明顯較短的線段就按下按鈕（大約每十條線裡會有一條特別短）。

這當中真正的挑戰是控制住自己宛如膝反射般的衝動，不要明明看到的是長線卻照樣按下按鈕。而隨著閉關的進行，這些冥想者也愈來愈熟練於這種有點無聊的衝動抑制測試。事實上這種對天外飛來一念頭的抵抗力，其對應的正是一種焦慮感減輕的感受、一種整體的安適感、一種能更快從負面情緒中回彈的能力。而這個試驗或許最引人注目的，是這些狀態的提升可以一直維持到閉關結束的幾個月之後。

這裡在作用著的是一種「劑量反應」：你練習做得愈多，效果就愈好。這一點已經透過好幾種方式得到了科學的驗證。如在內觀練習中，老練的冥想者會先打坐一整天，然後在隔天接受實驗室的壓力測試。[28]結果在壓力之下，這些冥想者比起沒有進行冥想的照對組，其壓力賀爾蒙皮質醇的上升量會比較小。

而當這同一批冥想老手在看著（燒傷病人等）令人不安的影像，同時接受腦部掃描時，你會看到他們的杏仁核反應也較弱。這種弱化反應肇因於他們在杏仁核與前額葉皮層間的神經連結較強，而前額葉皮層正好可以控管杏仁核中的情緒反應。

同樣是冥想老鳥，測試前只做過正念呼吸這種入門練習的人就沒有展現出強化的腦部連結，也沒能看到杏仁核的反應減緩。但持續練習似乎就可以增強這種腦部連結，降低人的壓力反應。當老練冥想者中經驗最多與最少的人透過比較後，你會發現其生涯的練習時數愈多，其杏仁核從壓力中復甦的速度就愈快。

另外還有一項發現，使得專家在DNA研究中的預言被打臉。基因組科學家原本認為我們的DNA發生改變是因為環境，甚至是飲食習慣的影響，唯獨就是跟冥想等心靈練習無關。嗯，錯了。

冥想在我們的基因中具有積極影響力的發現，在研究完成前，曾被對此不屑一顧的基因組專家批評為太過天真。但後來戴維森的團體讓長年進行冥想者做了一整天的練習，然後觀察他們在練習前、後各一天的基因活動。

補充一下背景資訊。你可能知道決定我們生物特徵的關鍵不在於我們身體所攜帶的是什麼樣的基因，而在於這些基因有沒有打開——或基因專家的說法就是這些基因有沒有「表現出來」。這項研究中鎖定的都是關係到身體發炎反應的基因。當這類基因經年活躍後，我們就會比較容易罹患關節炎、糖尿病、心血管問題等疾病，外加一票由慢性低度發炎引起的其他問題。

我們希望看到的，是可以讓這類發炎基因「降低表現量」——也就是盡量把它們關掉。戴維森的團體觀察冥想完八小時的長期內觀練習者（生涯平均練習時數都在六千小時之譜），得到的正是這樣的結果。這種「天真」想法原來是真的。

此外，還有好幾項研究也顯示冥想對我們的基因存在好處。像正念的初學者就已顯示出發炎基因反應的活躍性下降，孤獨的感覺也減輕了。[29] 事實證明孤獨感會讓這類基因更加活躍，讓身體成為發炎反應更大的受害者。

所以如果身邊的親友說你冥想是在浪費時間，說你應該把時間拿去做更有用的事情，你就可以告訴他們你是在做心靈運動，跟他們去健身房運動身體是相同的道理。

第八章

更深刻的內省

措尼仁波切：實作

隨著我們的心靈學會帶著明晰沉澱下來，加上成功率愈來愈高，我們可能會覺得這條路就這樣了——我已經從冥想中得到了我想要的。確實，我們從冥想中獲得了某樣有價值的東西：我們的心靈已經從動盪雜亂變成了冷靜與清晰。但其實我們只是剛剛打開了心靈的內在潛力。一如我們可以用本質愛去癒合我們的感覺世界，讓我們的人際關係更健康，我們也可以用更冷靜與清晰的自己去淬鍊自己的洞察力，而那就得通過一種叫作內觀的練習。梵語跟巴利語裡分別叫vipaśyanā與vipassanā的內觀，可以理解為「超凡的觀照」或者「覺察」，而它在佛教的各門各派裡都是一種內容豐富且甚受鍾愛的傳統。

冷靜與洞見在這種內在的覺察中是一對好搭檔。而說起冷靜與洞見所具有的那種改變人的能力，我們可以參考一種比喻——修剪雜草或徹底把雜草從土裡連根拔除。冷靜就像在修剪雜草，而洞見或內觀更像是將之連根拔起。冷靜下來只是一種暫時性的狀態（修剪雜草），而且是一種脆弱的狀態，因為只要條件允許，我們的心靈又會被拋回到困惑、渾沌與痛苦的情緒中。冷靜確實是一種甚具價值的工具，但它也是種治標不治本的工具。想要治本，我們需要的是更深刻的內省。

在我所屬的傳統中，洞見練習中的關鍵問題是如何理解物化——也就是一種讓事物變得比其自然狀態更加具體與真實的傾向。我使用物化一詞，指的是將某件事情固化——在事物中代入一種具體與固定的真實感。什麼東西會被我物化呢？所有東西！一旦我們的心靈啟動物化的流程，我們經歷的一切就都會透過物化的鏡片而被我們看見。物化就像相信夢是真的一樣。一旦相信了夢境是真的，我們就會對美夢興奮不已而對噩夢感到害怕跟難過。我們在白天也會做相同的事情，只是夢境會換成回憶、思緒與遐想。

我們會自動物化自己的感知，是因為我們一方面體驗到一個「我」是主體，一方面體驗到我們周邊世間（或我們體內、我們的思想內）的一切都是客體。這種將一切物化的習慣已經成為人類生命中一種慣性的執念。問題是：物化會導致身心的緊繃，會讓我們易受焦慮、恐懼、固執、沉重、僵化、情緒化、神經質等問題的侵擾。緊繃會摧毀我們的喜悅與玩心，讓我們的心流消失。每件事都會變得有點嚴重，都很「了不起」。我們物化事物的傾向愈強，人就愈難放鬆、愈難自嘲、愈難敞開心胸。所以說我們應該要追求的，是用不那麼物化的方式去體驗自己、體驗世界。

我是宇宙的中心

我們最愛物化的，堪稱我們的自我概念。我的一些朋友熱中於美食、自然、藝術或運動，但在我出身的傳統裡，我們著迷的是自我。我們會思索自己、研究自己、冥想自己。你可能會納悶：你們幹麼這麼在意自己啊？自己就是自己啊，可以不要那麼大驚小怪嗎？用不健康的方式物化並巴著自己不放，會導致不必要的痛苦，但物化自己只是種習慣，一種歷史悠久的頑強習慣。好消息是它既然是個習慣，就可以改。

當然，我們每一個人都有其獨特的意識流。我的身體跟你的不一樣。我的記憶與思緒也不同於你的記憶與思緒。一切問題，都始於當物化的傾向鎖定一種強大的擁有感與自我認同感的瞬間。我跟我所擁有的東西在這瞬間變得重要異常。人與物的評價不在於他們是什麼，不在於他們的本質，而在於他們對我有什麼用處，在於他們可以幫助我得到什麼好處。自我變成了眾多希望與恐懼的中心，變成了大量貪婪欲望的中心，也變成了許多——對自身與他人——不切實際之期待的中心。然後事情就開始變得愈來愈不健康。我們想得到的愈多，憤怒、嫉妒、焦慮與自負等情緒就會變得愈強。

我們物化自己的習慣是基於一種微妙的誤解：我們把並不存在的特質歸給了自己的身體與心靈。我們認為自己應該要是某種可靠的、確定的存在，應該要具有某種永恆的穩定性。我們認為自己的身體與心靈應該要是獨立的，應該要不倚靠外在人事物。短時間內這些幻象或可勉強維繫，於是我們就會遭到矇騙並信以為真。然而我們會生病，會遇到生命中的挫折與低潮，屆時我們的心靈就會再度陷入動盪。當身體健康崩壞，心靈承受壓力、混亂、不滿的時候，我們的身心就會在我們面前展露它們一向的原貌——一組任何時候都可能故障失靈的零件，就像腳踏車或汽車的內部結構。隨著我們慢慢接受這項事實，這個我們的身心具有不確定本質的事實，那我們反而能出落得更加有韌性，因為正確的理解會讓我們更貼近現實。一旦我們對自身本性的理解能更加精準，我們對自己的期待就會被修正得更為務實且健康。

我出身的傳統常教我們一件事情，就是要無私。無私這個詞常受誤解是因為很多人喜歡將之無限上綱。無私並不是要我們毫無個性，不是要我們進入無我的狀態。那不是一種空洞虛無的全然缺席。針對自我的真實本質培養洞見與內觀，不等於要把人變成冷凍蔬菜或毫無生氣的大理石雕像。要是你去問某個具體代表著無私無我的人物，像是佛陀那樣的人，你正往何處去？他們不會說，這是什麼意思？那就太離譜了。佛陀肯定是很有本事的傢伙——也許比我們想像的都還要更加多才多藝。佛陀會熟知各種傳統，也知道該如何善用這些傳統。佛陀也會知道傳統的局限性，更知道該如何超越這些局限。

無私意謂著我們每個人都有的自我概念並不是固定且真實可靠的。自我概念是多變的、是神龍見首不見尾、是如夢似幻的。往內心搜尋自我，我們或許能感覺到什麼，但那不等於自我就是一種碰得到摸得著的具體事物。我們可能會覺得我們的自我是奠基於肉體與心靈之上，又或者我們會認為自我是某種宛若永恆靈魂一般獨立的存在。但當我們去找尋自我的時候，當我們真正去檢視身體與心靈的時候，我們其實找不太到它。身體與心靈不曾有停止改變的一天，它們是由許許多多的部分組成，而這些部分又為了運作而組成了一張相互依存的網絡。自我概念也在不停地改變。它來來去去。我們會在不同的處境下或因為得跟不同的人相處而形成、變換、消解不同的身分。我們可以是孩子或雙親，可以是教師或學生，可以是施者或受者，可以強硬或順服。我們可以感覺到脆弱或強大、焦躁或穩健。一切都要看誰是我們的反射鏡面。自我的概念永遠在流動中。

四種「我」

所以說，「自我」到底是什麼？自我概念是一種在意識中起起落落的習慣。這種習慣是一種身為觀察者之感受的物化，而這位「觀察者」又是一種位於我們存在的中心的「知者」。

就拿車子來舉例。表面上它就在我面前。我可以鑽進去開著它到處跑。但如果你把車子拆成零件，你就有了一堆東西——車門、引擎、車軸、車輪、車胎等等。那「車」在哪裡呢？「車」呈現出來的是一種抽象概念，一種各式零件歸諸的意象。自我也是這個道理，它就像一種由許多零件組成，方便我們描述一種概念上的「實體」的標籤。以自我來說，它的零件就包括肉身、官能、感知、心靈結構物，還有意識。

在我所屬的傳統裡有多種方法可以討論或思考自我，但我喜歡用的是一種簡單的框架叫「四種我」。這個框架出身自許多不同的來源，是我將這些源頭組合起來，並賦予一個統一的名號。這四種我可以幫助我們更清晰地去掌握自我感受是如何以各種健康跟不健康的方式在運行著。

若有似無的我

若說自我感受的特色包括多變、難以掌握、如夢一般、善變，由各個零件相互依賴著，那我們該用什麼方式去認知它才恰當呢？答案是倚靠一種若有似無。若有似無是與物化相對的概念。若有似無是一種輕盈的觸感，是一種剛剛好握住的手感。一張面紙握在手中，你要是用力去夾它、擠它，那就叫太過。你只需將它輕輕握著。自我意識只是若有似無地存在著。我們體驗的客體只是若有似無地在那兒。自我意識只是若有似無地在體驗著各種官能感知與思緒。它只是若有似無地記得跟計劃著自己的未來。它只是若有似無地感覺到我在這裡——而我們不用執著在這一點上。夢想只是若有似無地出現，既不具體也不真實。反思與幻象只是若有似無地出現。若有似無的我，是我們和面對自我意識與不斷在改變的經驗最健康的一種相處方式。靠著若有似無的距離拿捏，我們可以與現實同行，可以起舞，可以流動，可以與天然的現實保持和諧而不會相互傾軋。

事實是世間萬物都不斷在移動跟改變。若是知道這點，我們就可以找到某種開放、彈性與流動性來減緩物化。然後某種洞見就有機會像曙光一樣照進我們交互連結的體驗中：所有的事物都在相互倚賴。一旦我們能看到身體與心靈均非一體成形而是各種組件的集合體，我們就能敞開心胸去接受事物的流動性與多重性。我們將能容許更多的經驗自由地來，也自由地去，我們不會需要它們形成某種論述，也不需要它們與我們對自身的看法達成和解。

有時候我會稱這若有似無的自我是一種美麗而功能性的存在。美麗，是因為它給與的是一種積極回應而不是一種被動反應。它輕盈而富玩心，它隨時可以去愛，但不是用一種黏滯的方式，而是既有彈性又單純。一種我背後沒有隱藏的私心想要物化什麼，也不自視甚高基本的安泰。若有似無的我是健康人類生命真正的歸宿，在這一點上，它與接地性與本質愛很像。想要與若有似無的我連上線，我們必須學會放手。若有似無的我作為一種存在的方式，我們可以在有需要的時候重返去找回清晰的神智、去釋放緊張，去重新啟動開放的心境。

遭到物化的我

當我們體會不到什麼叫若有似無的時候，物化就會趁虛而入。自我意識會因此變得非常具體，就像硬邦邦的固體一樣。我稱之為遭到物化的我。我們自身與我們的體驗之間，也就是體驗者與感知之間，在此會出現一種僵固而遙遠的隔閡。

與其說我怎麼一大早就覺得體內感覺有點不對勁跟焦慮。嗯，也許我只是心情不好吧，先看看它等一下會變成什麼樣子再說，我們會把自己的感知固化：「今天爛透了！這種處境爛透了！所有人都在跟我唱反調！」

我們的世界會開始一分為二，一邊是自我，一邊是他人，一邊是內裡，一邊是外在。隨著我們持續物化的過程，我們整體的存在會變得極其緊繃。我們會開始看不到萬事萬物相互依賴的運作，也看不到若有似無的自己，看不到那種美麗與流動性，我們會不斷地把內心收緊。隨著這種物化的過程持續推進，我們會喪失內在的喜悅，內在的安適。最終得出的產物，就會是一種自我中心的態度。

物化的我有其粗略和細微的層面。在粗略方面，物化的我會咬住，會抓緊所有的事物。它會讓處境與人際關係變緊、變重、變得一絲不苟。想像一下你會如何咬緊牙關並眉頭深鎖。這種表情會放大且強化「物化之我」的態度。在細微層面，它會太過於篤信當中的事物。它做不到用放鬆、喜悅、玩心去與流淌而過的經驗相處，而會固化這些經驗，對這些經驗產生執著。這會使我們的微笑變得緊繃，會更難笑出聲來。物化的我會把我們的成功與掙扎、高峰與低潮，都加以固化。

一個常見的誤解是不靠物化去思想，我們就什麼事都辦不成。這一點我非澄清不可。我們可能會覺得自己得嚴肅一點、認真一點。要是不嚴肅、不自我中心一點，就什麼事都做不了了。但現實並不是固定的。當我們想要把一切事情都按住不動時，就沒辦法舞動、流動，簡直動彈不得。我們可能理智上懂得這個道理，但我們自小被灌輸的觀念就是事情要固定下來才能感到安全。然而漸漸地，這種固定會變得太過頭，結果反而帶給我們不必要的痛苦。即便有時候我們知道自己應該放手，也不知道確切該怎麼做。而想要固定事情的物化之我就是幕後的罪魁禍首。

欲求不滿的我

欲求不滿的我誕生於物化之我的愈來愈自我中心、愈來愈把自己當寶的過程中。欲求不滿的我相較於若有似無的我跟遭到物化的我，都更容易看得出來；我們從一般視為自私跟幼稚的行為中，就可以看見它。悟不透若有似無之境界的我們，會與我們基本的接地性、開闊性、自由、流動性與玩心脫鉤。我們的物化之我就是一種緊繃而非喜悅且懷著玩興的存在。我們可能會察覺到有什麼東西不見了，但我們卻嘗試用錯誤的辦法修補這一點。我們沒看出來物化之我就是問題的元凶，反而誤以為是物化之我裡缺少了些什麼，於是我們會飢不擇食地去尋找和追求它，可能是愛、接納、財產、地位中的任何一樣。我們會把自己和自己脆弱的自我小心供著。這種自我珍視的我，基本上就是在做一件事：把幸福往自己一個人的包包裡放。

在現實中，每個人的幸福都是相互依賴的。這代表著我們自己想幸福，就必須也去照顧別人的幸福。但每當自我珍視的那個我冒出來，我們就會急切地想要讓自己幸福——偏偏就是做不到，因為我們要先讓別人幸福才有辦法讓自己幸福。只要我們滿腦子只有自己的一天，我們就只有孤單至極的份。自我珍視之我的一個關鍵特徵，就是我們會自私地只求自己的幸福。

與人社交的我

社交之我會衍生出一種觀念，即我們在其他人的感知中有著一席之地。旁人會記下我們的模樣、會給與我們評價、會形成對我們的看法，會對我們有所評判。我們要嘛被喜歡，要嘛被討厭，要嘛很吃得開，要嘛四處碰壁。社交之我就是我們對這種狀況的理解，就是我們針對這種理解所產生的焦慮或玩心，就是我們想要去管理好這種理解的嘗試。除非在深山中離群索居，這是我們每個人都必須面對的課題。社交之我本質上並沒有好或壞的問題。社交之我既可以表現出若有似無，也可以表現遭到物化的一面。當背後的指揮者是若有似無之我時，社交之我就會有很好的效果，前提是我們知道如何善加操作。社交之我可以在幽默感與若有似無之我的合體下，顯得非常有趣。只要不受到自我珍視之我的破壞力與私心干擾，社交之我就可以滿溢著利他與悲憫的情懷。這麼一來，社交之我就可以幫助到許多人。

我心目中的社交之我的典範就是達賴喇嘛。達賴喇嘛能發展出健全完善的社交之我，並不值得大驚小怪。他德高望重，使用著他名為「達賴喇嘛」的社交之我，日復一日在世界各地運作，很多、很多人都跟他本尊交流過。儘管如此，達賴喇嘛常說他作夢都沒想到過自己會成為一個聞名天下的喇嘛。他夢想中的自己是個低調無名的喇嘛。這顯示他的社交之我是奠基在若有似無之我上，而不是奠基在物化之我上。一回到自己的房間，他就會讓社交之我消解掉，讓自我回到若有似無的狀態，那是一種極其單純、極其健康的自我狀態。他不會執著在物化之我上頭。達賴喇嘛設下的是一個非常高的標準，一個我們或許暫且達不到的高標。但有一個對象可以效法，有一個目標可以當作努力的方向，仍然有相當大的助益。

就另一方面來說，當物化之我發展成為自我珍視之我後，我們的社交之我就會出差錯。我們會渴望認同、人氣、讚賞、名望等事物。我們會開始擔心自身的毀譽。對社交之我的管理會讓我們精疲力盡，會讓我們陷入嚴重的焦慮。近年來我很擔心的一件事是社群媒體的風行會讓社交之我成為更大的壓力源。我們沒有誰可以倖免於此，但年輕人是當中的高風險群，畢竟社群媒體占他們生活中很大的一部分。

永恆性、單一性與獨立性

一般來說，我們會覺得自己的自我是永恆的存在，是單一而統一的實體，並獨立於環境以外。物化這種習慣作為我們困惑的根源，就來自於上述這三種核心的假設。我們把種種特質賦予到對自我的感受上，也賦予到我們感知的客體上，但其實這些特質都並不真正存在，它們只是被我們想像出來。

永恆性可能聽起來既宏大又有點怪異——我們內心深處知道事物並不真的沒有止盡。但我們總是會忘記我們的肉體在不斷改變、心靈在不斷改變，情緒也在不斷改變。一切的一切都在流動的過程中朝著某種狀態過渡。心靈與物質的基本組成分子分分秒秒都在漲落、顯隱、生滅。現實與其說是停駐於空間中的死物集結，更像是一道閃著粼粼波光的流水。一旦我們在情緒上忘記了這種始終如一的流動性，我們的心境就會被壓得喘不過氣。我們會把自己跟這種心境畫上等號：我就是這種心情，我永遠都會困在這個窘境裡。所以當遇上逆境，我們才會覺得世界末日來了。

但只要我們能始終認知到這種流動性，我們就能保持良好的視野，也就能記得一件事情，那就是一切都會過去，包括眼前的逆境。把這種變化隨時在發生的認知內化到體內，我們就能在人生的起起伏伏中保持住接地性。

用單一性去理解事物，代表著我們認為由個別成分組成的東西就是，嗯，一樣東西。這是一種「送作堆」的概念——我們會把身體視為一個整體、把自我視為一個整體，每個認知客體在我們眼中都屬於「同一堆」東西。這種送作堆的做法會衍生出很多問題。比方說，身體、感覺、心靈與自我這四樣東西，其實都是獨立存在的經驗流動。但我們常常把它們送作堆成一個「我」。然後，當它們其中一樣感覺不對勁的時候，我們就會覺得好像四個都出了問題。對我們而言，這四樣東西之間的緩衝不見了，它們周圍的緩衝也不見了。為此我們會感覺卡卡的。另外一個問題是我們會把其他人跟他們的情緒送作堆。當某人出現情緒的時候，我們就會想，他們就等於那個情緒，而不明白他們只是暫且被那種情緒控制住。然後我們就會為了他們的情緒而怪罪他們。我們會想，這是一個壞人，然後心裡就會懷著恨意與成見，但我們這麼想的根據並不是他們的本質，只是他們「暫時如此」的狀態。

最後一樣要講的，是獨立性。我們都喜歡獨立的這種概念。獨立聽起來就像是一種美好的理想。我們會把獨立的標籤貼到自我概念上頭——我是獨立的個體，我誰也不需要！我們會因此感覺到一股自豪，但這很快就會變成一種孤孤單單的傲慢，變成一種與現實脫鉤的困惑。我們還會認為我們感知的客體也是獨立的存在，包括其他人。我們會覺得他們有自由可以隨意控制自己的身體、言談與心靈。事實上，世上沒有任何真正獨立的東西，包括我們的自我認知。世間的萬物都是相互依存的；所有事物都倚靠著其他事物存在。樹木依附雨水、空氣、土壤、陽光，還有為其授粉的昆蟲。我們的身體依靠食物、水、氧氣，還有種種生命不可或缺的要素，甚至於我們若想活得好一點，那就還得加入更多的要件。任何一樣人事物，都與外界有著許許多多的連結。

流動性、多重性與互連性

困惑的根源是執著，而執著的基底又是困惑。但事情並不是非得如此不可。

我們的自我認知與我們所感知到的客體，都可以充滿玩心，而玩心中可以生出喜悅。這與自然是相通的。自然中的萬物都在玩耍——樹也好，風也好，山也好。一切的一切都是邊玩耍邊相互依靠，沒有什麼在想著要抓住什麼，物化什麼。

所以說我們必須放鬆，必須找到空間，找到開闊。與前述三種誤解相對的狀態是流動性、多重性與互連性。一旦我們思慮過這些相應的做法並解析了它們，我們就能一次次地將它們召喚到腦中，並藉此在日常生活中放大視野。我們可以記住互連性與相互依賴性。我們可以回歸到那美麗的，簡單的，若有似無的我。靠著互連性，我們就有可能博愛，就有可能愛每一個人，畢竟我們也依賴著每一個人。

練習

此時我們需要把所有之前學過的練習都召喚出來，並將之與若有似無的我整合起來，但不涉及物化。我們可以學著把自己安頓在若有似無的我當中；一旦發現固化與自我珍視等狀況出現在視野中，就將自己沉降到身體裡去覓得本質愛。我們可以避開占有與攫取，用開放、美好的、若有似無的自我去體驗本質愛。我們可以屏除物化去跟感受握手。我們可以跟內心那股急促的能量合作，藉由若有似無的我去完成接地。我們可以練習把心靈安頓下來，並在不受物化干擾的狀態下覓得明晰。這種對若有似無的理解，這種不存有執念的觀念，可以滲透我們練習的跟感知到的所有事物之間。

另外，請不要物化你的冥想練習。我們當然可以在寶貴的冥想周圍緊繃起來，但那只會把緊張、主觀判斷與野心等舊習慣帶回到我們的精神路徑上而已。冥想應該要是一個讓我們去對物化、執念與緊繃等習慣提出挑戰的場域。我們的精神路徑理應是要讓玩心、喜悅、開闊與愛意有地方可以獲得庇蔭，也獲得培育。

接下來練習的重頭戲，是要回歸到若有似無的我。若我們能理解自身存在的四種我，那我們就能理解：喔，現在我切換到了物化之我、社交之我，或是自我珍視之我的模式中。我們必須要能在體驗中辨識出這些模式。回歸若有似無之我是一種組合技，你必須一方面理解自己卡在哪裡，一方面學會放手。

首先找到一個舒適的姿勢，脊椎打直，身體與心靈放鬆。將自己置放在身體裡幾分鐘來準備進行內觀練習。與感覺世界連線。要是你感覺到有什麼東西需要握手，就進行握手練習。若是你能連結上本質愛，那就令其瀰漫於你的心中與體內。接著讓心靈安頓在你冷靜與明晰中一小段時間。當你感覺到足夠冷靜跟清澈，再試著去意識是哪一種我在當下運行著。知道它、感受它、清晰地指認出它。

試著朝若有似無的我回歸。善用你對流動性、互連性與多重性的理解。許多事情或許看起來在阻礙著你，在壓迫著你，或許看起來既緊繃又嚴肅，但這些事物同時是不斷在變化的感知。善用你練習過的放手。不論天氣是好是壞，天空永遠是開闊的，永遠是包容的。不要停止尋找身體裡、感覺世界裡、心靈裡是哪些點在緊繃，找到之後就把壓力釋放。

善用你的握手技能跟本質愛。當美麗怪物出現時，我們要把接納的意識像雙手一樣張開，去擁抱那些棘手的情緒與內心的抗拒。我們要一次次去重新連上本質愛，直到本質愛宛若你的第二個家，也宛若是你可以接觸的堅實地面。若是你能回歸若有似無的我，那就停留在那裡放空一會兒。要是你做不到安頓並回歸到若有似無的我，那就暫時別勉強自己，先跟眼前的心思握手便是。

偶爾被物化的我會看起來架式十足，一副很強的樣子，而處於若有似無之我狀態下我們很難放手。要是你發現這就是你身處的窘境，不妨試試看下面的辦法：

一如往常先採取一個舒適的狀態，把意識下放到身體裡。就此在身體與感覺世界裡待著一段時間，不要有任何盤算。由著你的意識去安頓進接地的冷靜與明晰中。等你感覺到自己位居中心而達到平衡後，再設法去把注意力帶到被物化的我之上。試著找到物化之我特有的那種固態跟緊繃。你可能會察覺到在物化之我的所在處有種微妙而潛藏的握感，跟一種嚴肅感。找得到的話，請你讓自己稍微感受一下，增進一下對它的了解。一段時間後，試著朝內微笑並憶起那種若有似無的感受。試著讓自己放鬆，試著鬆開你手中的物化之我，讓自己降落至若有似無之我裡。若你放不下物化之我，那就趁此時練習一下握手。

我們也可以在日常生活中練習：

還是那句話，最關鍵的練習是如何回歸到若有似無的我。練習時你要另外做些什麼都無妨，重點是你要記住理解、放手、與當下的體驗共處、與感覺世界握手這幾個重點。可以的話，盡量與本質愛連上線。讓本質愛瀰漫在若有似無的我之中，也讓若有似無這一點瀰漫進本質愛裡。

在與本質愛跟若有似無的我都連上線之後，若你需要啟用社交之我，或者你需要在特定人的面前演出某種角色，那你就投入去做吧。不論是跟人在一起還是獨自一人，請記住所有事物都在動、都在變、也都在相互連結著。當物化之我引發問題時，不需要慌亂，你只需要去觀察，去清晰地辨識，並從中有所學習。靠著理解，任何事情都可以被引進到你的冥想與智慧之路上。

不論遇到任何狀況，回應時都請你找出最適用的練習。放下、握手、本質愛、呼吸、安頓、或找到明晰，選出當中最有效的做法來運用，但切記與物化保持好距離。條件允許的話，盡量讓自己落回到若有似無的我裡面。試著把接地性、本質愛、還有若有似無的我都整合到你的經驗裡，好讓它們可以成為你的家，你的根據地。讓若有似無之美濡染到你全數的精神練習上，濡染到每一部分的你之上，濡染到你感知的每一樣東西上，也濡染到所有你與之有所連結的事物上。

丹尼爾．高曼：原理

祖古烏金仁波切作為措尼仁波切的父親，是在他所屬時代極受尊崇的一名冥想大師。內人與我非常幸運地可以在他於一九九六年與世長辭前，跟他有數面之緣，而且每次相處都達數週之久。

雖然他慈愛的存在令人無法忽視，但我內心更被他打動的是另外一項特質：他的謙遜。每當要教授我們一段西藏經文時，他首先都會說明他之所以懂得這個道理，是傳承自先前哪位恩師的指導。

然後他總是會發表一則「免責聲明」，大致的意思是：「我沒有什麼豐功偉業，但我會根據我的老師們教給我的東西，盡量讓你們不虛此行。」

這樣謙遜的態度，與坊間那種凡事以自我為先，行事只求自我感覺良好的態度，形成了強烈的對比，要知道現代文化不僅不檢討這種氾濫成災的自私態度，甚至將之奉為圭臬。在措尼仁波切區分的「四種我」模型中，祖古烏金仁波切用態度表達出了若有似無的我，既不想引人注目，也毫無打算自我膨脹。

理查・戴維森跟我檢視了所有以冥想為題最優秀的現有研究，結果——在數千紙已發表的論文中——我們發覺一個很顯著的落差。[30]無數的論文發現了關於冥想那些熱門的好處，比方讓人變得更加冷靜、更專注、更放鬆、身體更健康，諸如此類。卻鮮少有研究去探究一件事，那就是冥想的修為可以如何幫助我們放開對自我的執著，至於談無私的更是趨近於零了；這所謂的無私若按措尼的講法，就是若有似無之我。

他認為若有似無之我是最健康的一種我，因為在這種我的模式中，我們將自我的感受看得很輕盈，就像我們把其他每一種情緒也看得很輕盈。我們還是會承認自我的獨特性，還有那種獨特性所內含的種種價值——如社交之我就算是一種價值——但也會認為這些特質都只是一種「展示」，一種鏡子裡的反射。我們因此可以視當下的需求而搞笑或嚴肅，因為這樣的我們並不會受個人的欲求操控，也不被想捍衛某種自我概念的執著束縛。此時的我們可以完全、徹底地去回應他人的需求。

惟這種超級健康的自我模式有賴於一種現代心理學中沒有對應概念的——生命之輕盈。用沉重的負擔把我們往下拉的，是我們日常那種以自我為中心的意識流，乃至於當中各種無窮無盡的擔憂、欲望、疑慮、希冀與恐懼、待辦事項，諸如此類。這些心理泡沫的混合物，在人的心中組裝出了所謂的「自我」——也就是「我」的成分。而這種對自我的理解又可以讓我們在人類經驗那瞬息萬變的茫茫大海中，有一種家的歸屬感。

惟亞洲傳統的心理學採取了一種不同的觀點：一如印度哲人世親（或云婆藪盤豆；Vasubandhu）早在西元五世紀就點出的，「只要抓著自我一天，你就會把自己綁縛在世間苦難中一天。」從日常的自我中解放出來——在若有似無之我中安歇——始終是亞洲的修行之路上的一種追求。

說到我們日常生活中的「苦難」本質，對我們大多數人而言可能相當無以名狀；不過，許多修行之路上視為苦難的經驗，則所有人都能看出來。以憂鬱症跟物化之我間的關係為例，其中在物化之我的狀態下，人的思緒與感受都最為「黏稠」，憂鬱症的正字標記則包括強烈的自我聚焦與固執、重複的鑽牛角尖。這種巴著我們的思想並一遍遍反芻的過程，已經被認定是推動憂鬱症惡化的一種機制；諸如我是個失敗者跟我的人生毫無意義等念頭，則被稱為「致鬱」的想法——換句話說，這些念頭會觸發憂鬱症的一再復發。

針對憂鬱症最有效的心理治療會鼓勵人去用新觀點看待這些念頭：藉此改變患者與這些念頭的互動關係，讓患者不要對著這些念頭傻傻地相信。事實上，這種心理治療裡的一句格言就是「你不用相信自己的想法」，特別是那些會讓你憂鬱的想法。偶爾被稱為「去中心化」，這種針對負面想法進行的關係調整確實點出了一件事，而這也正是心理治療與冥想——特別是正念冥想——重疊之處。31

欲求不滿的我就跟物化之我一樣，似乎都反映了我們大腦中，情緒迴路的活動。在此某種黏膩的自我中心感會讓我們產生對自我感受——作為主詞的我、受詞的我、我的所有物——的執著，並達到厚重的最高峰。我們的心靈會只看得到我們想要的獎勵，而閃避所有令我們不愉快的東西。這會導致我們自戀地緊盯我們想要的一切，同時無視於那會對他人產生的影響，也無視於黏人、依賴性這類不健康的人際關係。

我們在童年期的各種依附性會如何在成年後型塑我們的各種人際關係，已經是一個被深入分析過的主題，而相關研究的分析基礎，往往都衍生自英國兒童專家約翰・鮑比（John Bowlby）的一干理論。[32]好比說一個我們感覺自己被忽視，甚至受創的童年，會導致我們在成年後的人際關係中不容易相信人。同樣地，若我們的童年經驗導致我們想尋求關注，並因此容易反應過度或對各種連結變得極端焦慮，那成年後的我們也會採取相同的立場。又或者我們小時候處理連結焦慮的方法是不去感受任何的情緒，那麼我們長大了之後也會繼續這麼做。反之，若兒時的經驗讓我們敢於相信人、對人放心，那我們就能帶著這種預設的安全感進入成年期、進入親密的人際關係中。

然後就是所謂的社交之我，也就是存在於其他人心目中的那個我。有些人會耗費極大心力在心理學所稱的「印象管理」上，為此，他們會試著操控別人眼中的自己，希望能在印象的鏡子裡看起來很正向——也不管私底下自己究竟是誰，又究竟是什麼模樣。社交之我不好的那一面來自於想要被喜歡，不計代價地被喜歡——包括投射出一個虛假的自己。[33]社群媒體會讓社交之我像吃了興奮劑一樣欲罷不能，因此人會拚了命想獲得更多人的追捧。

於此同時，社交之我也有挺好的一面，主要是我們有可能理解到社交之我的潛力，並進而讓關懷與溫暖取代自私的需求，成為自己前進的動力。一如措尼仁波切所指出的，達賴喇嘛親身示範了這一點：他已經成為天下一家的代言人，他證明了只要是人，都需要從悲憫出發的倫理指導方針。當保羅・艾克曼（Paul Ekman）這名世界級的臉部情緒表情專家遇見達賴喇嘛，他立時就感受到了這名高僧的情緒之敏捷。看著達賴喇嘛輪著接見不同的人，艾克曼目睹了他的面容竟能映照出眼前之人的情緒，而且還能在前一人與後一人之間做出瞬間的切換。

艾克曼從來沒有見識過誰能在像是沉痛的哀傷與至高的喜悅間，做出如此快速且天衣無縫的轉換。這種轉換似乎顯示了一種「黏滯」的不存在。隨著我們把自己從痛苦的情緒跟強迫性的渴望中解放出來，我們就能一步步更接近艾克曼眼中的達賴喇嘛——不卡在某處——也就是更接近若有似無之我的境界。屆時我們將能擺脫僵固的自我感受，邁向一種更有彈性、更決定於當下的自我呈現方式。

神經科學告訴我們，自我感受會變得最濃稠，是在我們「無所事事」的時候——也就是當心靈四處飄來飄去的時候。心靈在飄來飄去的過程中，最容易催生出關於我們自己的念頭：我擔心什麼？我的臉書貼文有多少人按讚？我的人際關係如何？我當下是什麼情緒？當人閒著沒事在進行這些圍繞著「我」在打轉的臆想時，活躍起來的那一片大腦迴路被稱為「預設模式網路」，顧名思義，這代表我們沒有在從事比方解數學題這等需要專心致志的活動時，這些迴路就會自動接手大腦。

這種自我系統會創造出我們的個人元宇宙，當中所有的事件都是依其如何影響我們而定義；我們在我們告訴自己的人生故事裡，永遠是站在C位的主角。而就在我們這麼做的同時，預設模式網路就會啟動。惟研究發現資深的冥想者已經強化過特定的腦迴路可以壓抑這種預設模式。[34]

戴維森跟我發現一件事，就是現存的研究在追蹤過受試者的冥想造詣並對比了其腦部自我系統的強度後，得出一個結論：一個人身為冥想者的資歷愈久，其自我創造系統中的連結就愈弱。某些相關研究追蹤的是，冥想者有多強的能力可以在注意到某種經驗（比方說膝蓋疼痛）後不去鑽牛角尖，而是就這麼讓事情過去。若有似無的我可以比較容易做到這一點，而被物化的我則會拚了命想要做點什麼讓自己不再痛。

認知科學已經判定我們以為是一個整體的「自我」，其實是由零碎的感知、記憶、思緒等各種心靈幻影所湊成的拼裝車。[35]大腦是靠著把稍縱即逝的現象送作堆來維繫這種持續的自我意識，即自我是一種幻象，是大腦應我們的要求不斷創造出來的一種假象——所謂永久的我，永恆的我，都是禁不起推敲的。佛教中的一大洞見與這種理解有異曲同工之妙，那就是佛教告訴我們「我」是不存在的——存在的只是「我」的幻覺。

心理學也研究過祖古烏金等大師所展現出的那種謙遜，只不過心理學者為之取了一個比較不討喜的名稱：術語叫作「自我弱化的無權利感」（Hypo-Egoic Nonentitlement）。[36]說得稍微白話一點就是「自我貶抑的非特殊性」——再白一點就是「不覺得自己有什麼了不起」，也「不覺得自己特別」，而這跟自戀正好形成了強烈的對比。

神經科學已經至少在理論上開始追查若有似無的我，就腦部功能而言代表什麼意義。這部分科學界目前在做的還都只是臆測；截至此刻，還沒有哪份研究討論到大腦的迴路是如何創造出自我的概念，也沒人知道隨著我們在若有似無的造詣上愈來愈高，這些迴路會產生哪些改變。有種理論認為「解構冥想」——也就是那些讓我們朝著「自我若有似無」之體驗逼近的練習，那些讓我們一步步脫離物化之我與自我珍視之影響半徑的練習——可以衍生出具有持續性的純粹意識。

科學界在此理論上更進一步，指出了這種純意識狀態可能在腦部功能的層面上代表什麼意義。[37]這種觀點認為大腦隨時都在根據我們的過往經驗預測未來，這有時候被稱為「趨射」（proflection）。但我們愈是接近能讓意識停泊在當下的境界，我們就愈不會用力地去預判未來，更不用說根據過去來預判未來。而一旦我們能維持住一個不受過去與未來干擾的當下意識，我們主掌平日意識的大腦迴路就會趨於平靜——至少科學界是這麼預測。

讓心靈平靜下來的好處很多，包括你的心情會變得更加冷靜，看事情會變得更加清晰。但在純意識中停泊的好處還遠遠不只這程度。理查．戴維森在針對大腦研究過達到這種純意識境界的高階瑜伽士之後，跟我分享了一項觀察，那就是他從來沒有見過一群人能如此地存在於當下、如此地喜悅，如此地擁有一副溫暖的心腸。

結語：臨別數語

入定的肉體、開放的胸懷、清澈的心靈

我們對這本書的期許，是它能幫助創造出在各方面都更健康的你：腳踏實地、內心溫暖、腦袋清晰的你，有能量跟傾向去幫助旁人的你。這願景濃縮成三個名詞就是：入定的肉體、開放的胸懷、清澈的心靈。我們在書中介紹的種種練習，不外乎就是為了這三個目的。

在這種種練習都熟能生巧之後，我們就可以開始針對不同的處境套用正確對應的「工具」，一如嫻熟的木工都知道什麼樣的造型需要什麼樣的工具。我們的生命會丟給我們很多困境、挑戰與難題，有些狀況源自於我們外在的人際關係，有些問題則源自我們內裡的感覺、思緒與情緒世界。我們可以把這些練習方法看

作是一盒工具，並靠著這個工具箱來因應生命中的各種處境。

放下：每當你感覺到緊繃、卡關、焦慮，放下練習就會非常好用。你可以呼出一大口氣，同時將雙手拍在大腿上，放下你在思考的心靈，然後降落在身體裡。你一整天當中都可以隨時視需要來使用這種快速又簡單的練習。

腹式呼吸：腹式呼吸最好用的時候莫過於你感覺到急促跟無法接地之際。此一多步驟的呼吸法可以幫助你把急促的能量按捺下去，使之回到它在肚臍以下的家，也讓你得以重新恢復接地。

握手：這種關乎療癒與開放的重要工具可以幫助你處理情緒上的阻礙、直接反應與抗拒——也就是你內心的「美麗怪物」。靠著一種歡迎與接受的態度，靠著與你的美麗怪物相交為友，你得以重新連上你的意識與你的感覺世界。

本質愛：與你的感覺世界握手可以讓你重新發現那種自然的安泰，而這種安泰就來自於與本質愛的連結。當你在人際關係裡感覺到欲求不滿、感覺到不滋潤、不值得、不受啓發與不被珍惜時，你可以首先去與這些感覺握手，跟它們交朋友，而這麼做下去，假以時日就能讓你重新連結上你固有的安泰，也就是本質愛。本質愛從來沒有離開過我們體內，它始終都存在於我們不斷改變的感覺、情緒與心境之下。

愛與悲憫：有了本質愛這個根之後，你就可以去培養出同理心與悲憫，然後再慢慢擴大你內心這兩樣東西的範疇，去納入更多的眾生到你溫柔的羽翼下，不只是那些原本就與你親近的人，還包括你不在意和難以相處的那些人。

安頓心靈：當你感覺到雜亂、渙散且困惑的時候，安頓心靈就是一種很好的練習。學著去倚靠或不倚靠某種支柱（比方呼吸法）來安頓你的心靈，都是很重要的練習。這兩種做法都能幫助你找到自然的明晰，把冷靜與專注放回你的生命。

內觀練習：內觀練習包括專注思忖四種不同的我，跟在清朗的開闊感中休憩，這可以深化你的靈性之路，解鎖你具有解放能力的洞見。內觀練習可以澄清你與「自我」相處有哪些健康與不健康的模式，幫助你發展出更強韌的冷靜與明晰，讓你認識到自己有潛力，讓你知道你不用困於神經質、畫地自限的想法以及各種困惑之中。

這些練習還有它們所帶來的洞見，都有助於我們更優雅且有效地去處理人生與人生中的種種糾結。幾個重點包括靠放下獲得的接地性，靠握手找到的本質愛，還有靠內觀掌握的若有似無之我。這些境界將成為我們內在的家，成為我們存在的基地。能夠掌握到這些境界，生命於我們就會變得更加豐富、更加溫暖、更加歡欣，助人於我們則將變得更加容易。

惟一如任何一種技術，我們都需要練習才能進步。想要把鋼琴彈好，木工做好，或是在運動或其他嗜好上變厲害，我們都需要一而再再而三地重複關鍵的基本動作，直到熟能生巧為止。心靈的鍛鍊也是一樣。我們不可能有一搭沒一搭地冥想，然後還妄想能囊括冥想包含的所有好處，入主其所有的技巧。只有時間可以帶給我們這些。我們必須投入時間去熟悉這些練習，也熟悉我們在進行這些練習時的體驗。事實上，前面提到過藏語中代表冥想的字眼「犟」，其實際的意思就是「去熟悉」或是「去習慣」。冥想時的我們既是在化解舊習慣，也是在創造新習慣。

理想狀況下，我們可以每天投入一點時間。那不需是一段很長的時間；不要好高騖遠，做得到的目標才是好目標，比如每天十到二十分鐘就是個很好的開始。這長度已經夠你的冥想效果在某個程度上立竿見影，然後你可以逐漸拉長時間，而且這種成長最好是能從內部慢慢地自然發生，不要是由你從外部揠苗助長。你可以先以「月」為單位開始——先要求自己每天冥想並維持一個月——等順利起步了，養成習慣了，再設法更上一層樓。

請記住，冥想的體驗也會不斷起起落落，就跟人的情緒或股票價格一樣。有時候我們會神清氣爽，怎麼做都對，進步快如飛。但也有些時候我們會被遲滯與焦躁搞得一籌莫展，就好像做什麼都比去冥想好。但是無論如何請你往下走，不要在我們不斷變化的經驗中鑽牛角尖。因為我們的經驗如何改變其實並不重要，重要的是我們能堅持練習，堅持把這些習慣發展下去。最終，我們的經驗會宛如海洋中的波浪。海浪會有起伏，但真正重要的是我們人還在水中。

不論是波浪的高峰或低谷，其本質都只是大洋裡的海水。同樣地，我們不斷改變經驗中的高潮與低潮也都只是意識的流動。不用去批判它們。那麼做只會導致兩種後果，一個是讓自己膨風，一個是讓自己洩氣。如果我們想要登上山頂，唯一的辦法就是一步一腳印，行遠必自邇——至於途中我們某一刻的心境並不太重要。

想助人有很多辦法，但是我們鼓勵的這種冥想之路強調要從自身的生命開始。自助就是助人。首先回家培養內在的力量；你的冥想之路會帶你通往本質愛，爾後隨著你慢慢培養出明晰與內在的豐富，你就會頓悟出表達愛，而這種表達愛就是所謂的悲憫。助人確實可以讓世界有所改變，確實可以讓世界大步向前。而以上這些練習就可以幫助我們自助，進而讓我們更有能力去助人。

當然啦，助人並不輕鬆，就像人活著本身就很辛苦。壓力對現代人而言極其氾濫，從我們的狼狽模樣就看得出來。現代生活的步調讓我們陷於急促中，更別說家庭裡需要兼顧的各種責任讓我們背上的負擔更重。這些身、心與情緒上的代價都非常之高昂，惟靠著上述的練習我們可以自我充電，而不需要終日感覺疲憊、乾癟與被掏空。我們可以透過練習去抵消萎靡，去避免自己燈枯油盡，也預防自己悲憫疲乏。我們可以學著替自己補充能量。我們從練習中引出的能量流愈強，我們助人的本事就會愈大。這種正向的反饋循環一旦建立起來，我們就能回歸自己自然的家，就能回復自身的能量，我們的助人事業就可以久久長長。

對有心助人之人而言，沒把自己照顧好只會讓他們利他的努力受限，更別說助人的喜悅與幸福將難以在他們內心浮現。不與自己的內心相連結，不從事冥想，不在感覺世界裡有一個家，也沒有明晰護體，你就會成為情緒過勞的高危險群。反之，當善行、內在的轉型、以及自我照護能夠合體，那這三合一當中的每個分支都能相互支應，相互在強度上彼此提攜。

在練習這些技巧的同時，悲憫與洞見就會自然湧現——而那也正是這些練習法的設計精神所在。一個類比就是技巧是火，悲憫與洞見是熱，你會用火，自然有熱隨之。你愈是熟稔這些練習法，作為一個人，你就能更加健康、更加真誠、更加充滿著愛、悲憫與智慧。生命中有許許多多的阻礙，但我們可以學著去面對它們，處理它們。生活中的任何事情，不論是好是壞，都可以被視為是成長的機會，都可以被用來強化我們的修為。所以說，沒有什麼事情不能融入到靈性的道路上。知道了如何處理自己的問題，我們就知道了該如何修復好自己——如何讓自己充飽能量，而不要淪落得精疲力竭、對生命厭煩、或是把自己燃燒殆盡。這麼一來，我們就能出落得更像一朵花卉——盛開出慈悲的智慧。

我們誠摯地希望這本書，乃至於書中的各種觀念與練習，可以幫助到許許多多人去享有他們接地的身體、開放的胸襟，還有清澈的心靈，因為那本就是他們與生俱來的權利。

致謝

措尼仁波切深切地感激為他扎根的恩師們，是這些老師傳授了他各種指導，他才有可轉化成這本書的材料。他要感謝亞當・肯恩（Adam Kane）在這次成書過程中的鼎力相助。芬陀利迦基金會（Pundarika Foundation）的艾斯特本與特雷莎・荷蘭德（Esteban & Tressa Hollander）也讓這個計畫從頭到尾獲益良多。仁波切還補充說：「我要感謝我的學生，這些年來，從他們身上我學到很多，同時我也要感謝家人，謝謝他們的愛與支持。」

丹尼爾也同樣感謝亞當・肯恩的翻譯讓仁波切得以暢所欲言。我們在賽門舒斯特出版社的編輯史黛芬妮・希區考克（Stephanie Hitchcock）一路上給了我們極佳的指引。還有，丹尼爾當然少不了感謝他的妻子塔拉・班奈特—高曼，謝謝她為這本書提供的見解、貢獻與溫暖的鼓勵。

【注釋】

第一章

1 Sonja Lyubomirsky et al., "Thinking about Rumination: The Scholarly Contributions and Intellectual Legacy of Susan Nolen-Hoeksema," *Annual Review of Clinical Psychology* 11, (March 2015): 1–22, published online January 2, 2015, https://doi.org/10.1146/annurev-clinpsy-032814-112733.

2 Joseph LeDoux, The Emotional Brain: *The Mysterious Underpinnings of Emotional Life* (New York: Simon & Schuster, 1998).

第二章

3 Bruce McEwen and John Wingfield, "The Concept of Allostasis in Biology and Biomedicine," *Hormones and Behavior* 43, no. 1 (January 2003): 2–15.

4 多年後理查·戴維森跟我在我們合著的《平靜的心，專注的大腦：冥想鍛鍊，如何改變身、心、大腦的科學與哲學》（*Altered Traits: Science Reveals How Meditation Changes Your Brain, Body, and Mind*）(New York: Penguin Books, 2019).）書中檢視了最為嚴謹的冥想研究。

5 Herbert Benson, *The Relaxation Response*, updated ed. (New York: HarperCollins, updated 2009).

6 Andrea Zaccaro et al., "How Breath-Control Can Change Your Life: A Systematic Review on Psycho-Physiological Correlates of Slow Breathing," *Frontiers in Human Neuroscience* 12 (2018): 353, https://www.ncbi.nlm.nih.gov/pmc/articles/PMC6137615/.

7 Donald J. Noble and Shawn Hochman, "Hypothesis: Pulmonary Afferent Activity Patterns during Slow, Deep

Breathing Contribute to the Neural Induction of Physiological Relaxation," *Frontiers in Physiology* 10 (September 13, 2019): 1176, https://doi.org/10.3389/fphys.2019.0176.

第四章

8 Tara Bennett-Goleman, *Emotional Alchemy: How the Mind Can Heal the Heart* (New York: Harmony Books, 2001).

9 菲利浦・高汀進行了一系列腦部研究，志願的受試者是苦於社交焦慮症者，其中許多研究都是他人在史丹佛大學期間所做，他到加州大學戴維斯分校是後來的事。詳見 Philippe R. Goldin et al., "Neural Bases of Social Anxiety Disorder: Emotional Reactivity and Cognitive Regulation during Social and Physical Threat," *Archives of General Psychiatry* 66, no. 2 (February 2009): 170–80.

10 克里斯・葛納的接納研究是延伸自德州大學克莉絲汀・涅夫對自我悲憫進行的研究路線，詳見 Kristin Neff and Chris Gerner, *The Mindful Self-Compassion Workbook: A Proven Way to Accept Yourself, Build Inner Strength, and Thrive* (New York: Guilford Press, 2018).

11 Hedy Kober et al., "Let It Be: Mindful Acceptance Down-Regulates Pain and Negative Emotion," *Social Cognitive and Affective Neuroscience* 14, no. 11 (November 1, 2019): 1147–58.

12 Philippe R. Goldin et al., "Evaluation of Cognitive Behavioral Therapy vs Mindfulness Meditation in Brain Changes during Reappraisal and Acceptance Among Patients with Social Anxiety Disorder: A Randomized Clinical Trial," *JAMA Psychiatry* 78, no.10 (October 1, 2021):1134–42. https://doi.org/10.1001/jamapsychiatry.2021.1862.

13 quoted in Crooked Cucumber: The Life and Zen Teaching of Shunryu Suzuki (New York: Harmony Books, 2000), p. 46.

第五章

14 See Cortland Dahl et al., "The Plasticity of Well-Being: A Training-Based Framework for the Cultivation of Human Flourishing," *Proceedings of the National Academy of Sciences of the United States of America* 117, no. 51 (December 22, 2020): 32197–206, https://www.doi.org/10.1073/pnas2014859117.

15 Healthy Mins Innovations, https://hminnova tions.org/.

16 Matthew A. Killingsworth and Daniel T. Gilbert, "A Wandering Mind Is an Unhappy Mind," *Science* 330, no. 6006 (November 2010): 932. DOI: 10.1126/science.1192439.

17 Dahl et al., "Plasticity of Well-Being."

18 Richard J. Davidson with Sharon Begley, *The Emotional Life of Your Brain: How Its Unique Patterns Affect the Way You Think, Feel, and Live—and How You Can Change Them* (New York: Avery, 2012).

第六章

19 Antoine Lutz et al., "Regulation of the Neural Circuitry of Emotion by Compassion Meditation: Effects of Meditative Expertise," *PLOS One*, March 26, 2008.

20 Dalai Lama, *Worlds in Harmony: Dialogues on Compassionate Action* (Berkeley, CA: Parallax Press, 2004).

21 Jean Decety, "The Neurodevelopment of Empathy," *Developmental Neuroscience* 32, no. 4 (December 2010): 257–67.

22 Olga Klimecki, "Differential Pattern of Functional Brain Plasticity after Compassion and Empathy Training," *Cerebral Cortex* 23, no. 7 (2013): 1552–61.

23 Helen Y. Weng et al., "Compassion Training Alters Altruism and Neural Responses to Suffering," *Psychological Science* 24, no. 7 (May 2013): published online May 21, 2013, http://pss.sagepub.com/early/2013/05/20/0956797612469537.

24 Julieta Galante et al., "Loving-Kindness Meditation Effects on Well-Being and Altruism: A Mixed-Methods Online RCT," *Applied Psychology: Health and Well-Being* 8, no. 3 (November 2016): 322–50, https://doi.org/1O.111/APHW.12074.

25 詳見第六章之 Daniel Goleman and Richard Davidson, *Altered Traits: Science Reveals How Meditation Changes Your Mind, Brain, and Body* (New York: Avery, 2018).

第七章

26 我與神經科學家老朋友理查・戴維森合著的書：《平靜的心，專注的大腦：冥想鍛鍊，如何改變身、心、大腦的科學與哲學》，Daniel Goleman and Richard Davidson, *Altered Traits: Science Reveals How Meditation Changes Your Mind, Brain, and Body* (New York: Avery, 2018).

27 Clifford Saron, presentation at second International Conference on Contemplative Science, San Diego, November 2016.

28 Melissa A. Rosenkrantz et al., "Reduced Stress and Inflammatory Responsiveness in Experienced Meditators Compared to a Matched Healthy Control Group," *Psychoneuroimmunology* 68 (2016): 299–312.

29 J. D. Creswell et al., "Mindfulness-Based Stress Reduction Training Reduces Loneliness and Pro-Inflammatory Gene Expression in Older Adults: A Small Randomized Controlled Trial," *Brain, Behavior, and Immunity* 26, no. 7 (October 2012): 1095–101.

第八章

30 關於科學對冥想這個主題的各種發現，我們的看法請參見《平靜的心，專注的大腦：冥想鍛鍊，如何改變身、心、大腦的科學與哲學》Daniel Goleman and Richard Davidson, *Altered Traits: Science Reveals How Meditation Changes Your Mind, Brain, and Body* (New York: Avery, 2018), ch. 8.

31 欲見對正念與認知療法更完整的探索，可參考 Tara Bennett-Goleman, *Emotional Alchemy: How the Mind Can Heal the Heart* (New York: Harmony Books, 2001). 另見 A. B. Nejad et al., “Self-Referential Processing, Rumination, and Cortical Midline Structures in Major Depression,” *Frontiers in Human Neuroscience* 7, no. 666 (October 10, 2013): https://doi.org/10.3389/fnhum.2013.00666.

32 See, e.g., Jude Cassiday and Phillip Shaver, eds., *Handbook of Attachment Theory: Research and Clinical Applications* (New York: Guilford, 1999).

33 James T. Tedeschi, *Impression Management Theory in Social Psychological Research* (New York: Academic Press, 2013).

34 Judson Brewer et al., “Meditation Experience Is Associated with Differences in Default Mode Network Activity and Connectivity,” *Proceedings of the National Academy of Sciences* 108, no. 50 (2011): 1–6, https://doi.org/10.1073/pnas.1112029108.

35 Cortland J. Dahl, Antonie Lutz, and Richard J. Davidson, “Reconstructing and Deconstructing the Self: Cognitive Mechanisms in Meditation Practice,” *Trends in Cognitive Sciences* 19, no. 9 (September 2015): 515–23.

36 Chloe C. Banker and Mark R. Leary, “Hypo-Egoic Nonentitlement as a Feature of Humility,” *Personality and Social Psychology Bulletin* 46, no. 5 (May 2020): 738–53, https://doi.org/10.1177/014616721987514.

37 Ruben E. Laukkonen and Heleen A. Slagter, “From Many to (N)one: Meditation and the Plasticity of the Predictive Mind,” *Neuroscience & Biobehavioral Reviews* 128 (September 2021): 199–217, https://doi.org/10.1016/j.neubiorev.2021.06.021.

人生顧問 0477

放不下，就握手言和吧：EQ始祖丹尼爾．高曼與措尼仁波切的冥想智慧

作　　者—丹尼爾．高曼 Daniel Goleman、措尼仁波切 Tsoknyi Rinpoche
譯　　者—鄭煥昇
副總編輯—陳家仁
協力編輯—張黛瑄
企　　劃—藍秋惠
封面設計—廖韡
版面設計—賴麗月
內頁排版—林鳳鳳

總 編 輯—胡金倫
董 事 長—趙政岷
出 版 者—時報文化出版企業股份有限公司
台北市和平西路三段 240 號 4 樓
發行專線 02-2306-6842
讀者服務專線— 0800-231-705．(02)2304-7103
讀者服務傳真— (02)2302-7844
郵撥— 19344724 時報文化出版公司
信箱— 10899 臺北華江橋郵政第 99 信箱
時報悅讀網— http://www.readingtimes.com.tw
法律顧問—理律法律事務所 陳長文律師、李念祖律師
印刷—勁達印刷有限公司
初版一刷— 2023 年 4 月 28 日
定價—新台幣 420 元
（缺頁或破損的書，請寄回更換）

時報文化出版公司成立於一九七五年，並於一九九九年股票上櫃公開發行，於二○○八年脫離中時集團非屬旺中，以「尊重智慧與創意的文化事業」為信念。

Why We Meditate: The Science and Practice of Clarity and Compassion by Daniel Goleman and Tsoknyi Rinpoche

Published by arrangement with Folio Literary Management, LLC and The Grayhawk Agency

ISBN 978-626-353-645-6
Printed in Taiwan

放不下，就握手言和吧：EQ始祖丹尼爾．高曼與措尼仁波切的冥想智慧 / 丹尼爾．高曼 (Daniel Goleman), 措尼仁波切 (Tsoknyi Rinpoche) 著；鄭煥昇譯．-- 初版．-- 臺北市：時報文化出版企業股份有限公司, 2023.04
288 面；14.8x21 公分．--（人生顧問；477）
譯自：Why we meditate : the science and practice of clarity and compassion.
ISBN 978-626-353-645-6(平裝)

1.CST: 靈修 2.CST: 自我實現 3.CST: 生活指導

192.1　　112003648